도르트 신조 노트

The Canons of Dort Note

그리스도인들은 그 책의 사람들, 바로 성경의 사람들입니다. 성경에만 권위를 두고, 성경대로 살며, 성경에 자신을 계시하신 삼위 하나님만을 예배하고 사랑합니다. 이에 **그 책의 사람들**은 하나님께만 영광 돌리고, 하나님의 나라와 교회의 번영과 행복을 위해 성경에 충실한 도서들만을 독자들에게 전하겠습니다.

도르트 신조 노트

도르트 총회 · 그 책의 사람들 지음
그 책의 사람들 옮김

일러두기

1. 도르트 신조의 각 교리는 두 부분으로 되어 있습니다. 앞부분은 해당 주제에 관한 성경의 가르침을 정리한 것이며, 뒷부분은 항론파(아르미니우스주의)의 오류에 대한 반론입니다. 앞부분인 신조의 조항만 읽으셔도 충분하지만, 오류에 대한 반론 부분까지 함께 읽으시면 이해하시고 정리하시는 데 더 좋습니다.

2. 여러분이 기독교의 기본 진리를 전혀 모르는 분이 아니시라면 저희는 독자 여러분께서 도르트 신조 본문 자체를 먼저 집중해서 여러 번 읽어보시길 권합니다. 도르트 신조는 하나님께서 택하신 자들을 구원하시는 은혜의 일들을, 그에 대한 거짓되고 사악한 비방에 맞서 성경을 근거로 잘 풀어서 설명한 선언문입니다. 따라서 본문을 여러 번 읽기만 해도 이 은혜의 교리들이 말하고자 하는 바를 충분히 이해하고 깨달을 수 있습니다. 조금 더 욕심을 내어 성경구절들을 찾고 주의 깊게 생각하는 시간을 보낸다면 큰 유익을 누리시게 될 것입니다. 그 후에 필요에 따라 정리되지 않은 내용, 궁금한 내용을 중심으로 조금 더 공부하면 우리는 은혜의 교리들이 전해주는 많은 위로 가운데서 더욱더 하나님을 찬양하게 될 것입니다.

3. 이 책은 독자 여러분의 요청에 따라 기획되고 만들어졌습니다. 그래서 쪽마다 필기할 수 있는 충분한 공간을 두었습니다.

4. 이 책은 휴대하기에 부담되지 않은 판형과 분량으로 만들어졌습니다. 언제 어디서나 휴대하여 도르트 신조의 내용을 배우고, 공부한 내용을 확인할 수 있습니다.

5. 무엇보다 예배 시간과 교회 모임에서 이 책자가 사용되면 좋겠습니다. 말씀의 사역자들이 설교 시간을 통해서든, 다른 교리 공부 시간을 통해서든 도르트 신조의 내용을 충분히 가르치면 교회에 여러 유익이 있습니다.
특히 사역자들의 설교와 가르침에 힘이 생기게 됩니다. 하나님의 말씀이 바르게 선포되고 가르쳐질 때 반드시 그런 일이 일어납니다. 또한 회중은 배운 내용을 설교를 들으면서나 또 다른 여러 모임에서 계속 확인하게 되면서 더욱 진리 위에 서 있게 됩니다.

6. 도르트 신조 내용 자체에 대한 공부는 교회에서, 또 좋은 교재를 가지고 소그룹 공부를 통해서 하시고, 이 책으로는 배운 것을 정리하는 용도로 사용하시기 바랍니다. 여러분께서 교회에서 선포하거나 가르쳐준 내용 중, 소그룹 모임을 통해 공부한 내용 중 가장 중요한 핵심, 주의할 것, 크게 깨달은 것 등을 간단하게 이 책의 관련 조항 주위에 필기하시고 나서 수시로 반복해 보시면 이 책을 가장 잘 사용하시는 것이라 생각합니다.

7. 도르트 신조는 성경의 가르침을 요약하고 정리한 것입니다. 따라서 될 수 있는 대로 성경에 있는 말로 표현하여 성경과 교리를 서로 가깝게 느낄 수 있도록 노력했습니다.

8. 될 수 있으면 한자어를 사용하지 않고 우리말을 살리려고 노력했지만, 한자의 의미가 훨씬 분명하고 풍부한 경우는 한자어를 사용했습니다.

9. 성경의 진리를 분명하고 간략하게 요약한 도르트 신조는 그 특성상 하나의 단어나, 하나의 표현, 또는 하나의 문장이나 의미 단위 전체가 많은 내용을 표현하거나 함축하고 있습니다. 또 처음에는 라틴어로 쓰였고, 이후에 네덜란드어와 영어로 번역되었으며, 영역본의 경우 하나의 권위역이 있지 않고 다양한 번역본이 각 교단에서 사용되고 있습니다. 따라서 단어나 표현을 우리말로 정확하게 표현하기 어려운 경우가 있습니다.

이러한 현실과 어려움을 마음에 두고 우리말 번역을 생각해 주시면 좋겠습니다. 될 수 있는 대로 엄밀하게 번역하여 내용을 전달해야겠지만, 소통되지 않는 단어를 지나치게 사용하여 의사소통에 어려움이 있어서는 안 되겠기에 이에 맞추려고 노력했습니다.

언어로 모든 의미를 엄밀하게 정의할 수는 없습니다. 풍성하게 표현하는 것이 항상 가능한 것도 아닙니다. 언어는 변하기도 합니다. 또 사람들의 신학적인 배경에 따라, 교회에서의 신앙경험에 따라서도 언어의 의미에 차이가 있기도 합니다. 그래서 단어 하나에 현미경을 지나치게 가져다 대는 것보다는 단어와 표현 하나, 특정 문장이 말하는 내용이 무엇인가에 대해 공통의 이해와 배려가 필요하다고 생각합니다.

이런 이유들로 독자 여러분의 유익을 위해 말씀드립니다. 이 책으로 배운 것을 정리하실 때, 번역된 표현을 중심으로 여러분께서 교회에서 배우며 성경에서 찾으신 여러 의미, 풍부한 표현들을 해당 단어, 표현 옆에 적어보십시오. 필요한 경우 본문의 단어나 표현을 바꾸셔도 좋습니다. 이후, 이 책들의 내용이 필요해서 찾으실 때, 또 정리하실 때 훨씬 더 풍성하고 분명한 이해를 가지고 기독교 진리를 정리하고 신앙고백하실 수만 있다면 저희는 감사할 뿐입니다.

10. 도르트 신조 본문은 라틴어 원문을 참고하고 영역 4개 역본을 비교하여 번역했습니다.

목차

The Canons of Dort Note

일러두기 · 4
서문 · 11

도르트 신조

첫째 교리 하나님의 선택과 유기 · 17

둘째 교리 그리스도의 죽으심과 그 죽으심으로 말미암은 사람의 구속 · 45

셋째 · 넷째 교리 사람의 부패, 하나님께로의 회심과 그 회심이 일어나는 과정 · 61

다섯째 교리 성도의 견인 · 87

결론 · 107

이해를 돕는 글 · 113

전적 타락 · 117
　성경이 증언하는 전적 타락 · 117
　웨스트민스터 대교리문답으로 보는 사람의 상태 · 124
　원죄 교리를 부정할 때 생기는 오류와 어려움 · 128
　사람의 처지와 상태 · 129
　전적으로 필요하신 분, 예수 그리스도 · 132

무조건적 선택 · 133
　왜 우리는 선택(작정 교리를 배우고 믿어야 하는가? · 133
　매우 아름답고 따뜻한 교리, 선택 · 133
　웨스트민스터 대교리문답으로 보는 작정과 선택 · 135
　선택은 변할 수 있는가? · 136
　모든 것을 하나님의 자유롭고 선하신 뜻대로 이루시는 하나님 · 139
　가장 강력한 증거 본문, 로마서 9장 · 140
　선택이 보여주는 것, 하나님의 영광과 주권 · 143

선택을 대하는 우리의 바른 태도 · 150

나는 예수님을 믿고 구원받기 원하지만 선택받지 않았으면 어쩌죠? · 155

선택 교리를 오해하거나 비난하는 사람들에게 · 157

선택 교리가 주는 유익 · 158

제한 속죄 · 159

누가 무엇을, 어떻게 제한하는가? · 159

가능성이 아니라 실제로 구원하심 · 161

모든 사람이 아니라 선택하신 자들을 구원하심 · 165

제한 속죄를 부정할 때 생기는 문제 · 166

제한 속죄 교리가 우리에게 주는 위로 · 168

불가항력적 은혜 · 170

사람이 은혜를 선택할 수 있을까? · 170

효과적인 부르심 · 171

하나님의 주권적 은혜 · 175

성도의 견인 · 178

　웨스트민스터 대교리문답으로 보는 성도의 견인 · 178

　연약한 우리를 지키시는 신실하신 하나님 · 180

　점점 더 거룩하게 만들어 주시는 하나님 · 182

　견인의 확신 · 183

　견인에 대한 오해 · 184

　견인에 대한 은밀한 오해 · 185

　성도의 견인을 증언하는 매우 힘 있는 성경 본문 · 186

글을 닫으며 · 188

　도르트 신조 본문 자체를 여러 번 읽읍시다 · 188

　교회에서 배우고, 함께 찬양합시다 · 189

　도르트 신조가 주는 유익 · 189

추천 도서 · 192

서문

네덜란드 도르트Dort(네덜란드어로는 도르드레흐트Dordrecht지만, 영어권에서 Dort로 발음하여 "도르트"로 굳어져 사용되고 있습니다)에서는 여러 번의 중요한 종교회의가 열렸습니다. 그중 가장 유명한 총회는 1618년 11월 13일에 소집돼, 이후 6개월 동안 공식적으로 154회나 회합을 열었고, 1619년 5월 9일에 끝난 도르트 총회입니다. 이 기간에 바로 "도르트 신조"가 작성되어 선언되었기 때문입니다.

우리가 흔히 아르미니우스주의(이 가르침이 구체적으로 무엇을 말하려고 하는지는 도르트 신조 본문을 통해 확인하시기 바랍니다)로 부르는 가르침이 이 시기에 네덜란드와 유럽에 퍼지기 시작했는데, 이는 넓은 의미에서 새로운 가르침이 아니었습니다. 그 이전에도 다양한 모습으로 목소리를 냈다가 정죄를 받았기 때문입니다. 이후에도 기회가 될 때마다 성경을 거스르는 이 거짓 가르침은 하나님의 주권적 은혜 교리에 반대하고 사람의 공로를 높입니다(오늘날에도 우리 마음속에서 꿈틀거리고 있습니다).

감사하게도 하나님의 섭리에 따라 우리 선조들은 1619년에 "도르트 신조"를 작성하여 참 교회의 신앙고백으로 삼았습니다. 이후 도르트 신조는 핵심적인 가르침 다섯 가지를 따라서 "칼빈주의 5대 교리", "칼빈주의 5대 강령", "튤립 교리", "은혜의 교리" 등으로 불려왔고, 끊임없이 공격하는 거짓 가르침과 비방에 맞서 성경이 분명하게 가르치고 하나님께는 영광을 돌리며 사람에게는 참 위로를 주는 거룩하고 참된 진리를 지켜왔습니다.

전적 타락   Total Depravity
무조건적 선택   Unconditional Election
제한 속죄   Limited Atonement
불가항력적 은혜   Irresistible Grace
성도의 견인   Perseverance of the Saints

한편으로 이상하게도 이 도르트 신조는 성경을 사랑하고 무엇보다 하나님을 영화롭게 하고 영원토록 하나님을 즐거워하기를 간절히 원하는 사람들에게조차 무시당하거나 오해를 받아 왔습니다. 또 철학적 재밋거리로만 인식되기도 했습니다. 어떤 사람들은 이 신조를 무척 불편해하거나 비난하기까지 합니다.

적지 않은 경우 사람들은 실제로 아르미니우스주의자처럼 행동합니다. 하나님께서 어느 정도까지는 은혜로 도와주시지만, 최종적으로 선택하는 것은, 그리스도를 붙잡는 것은, 믿는 것 자체는 우리 자신이 결정하는 것이라고 생각합니다. 그래야 신앙에 의미가 생기고, 멸망할 때 책임에 대해서 말할 수 있지 않겠습니까?

왜 사람들은, 왜 우리는 아르미니우스주의에 이끌릴까요? 우리가 죄인이기 때문입니다. 거듭나기 전에는 우리 모두 아르미니우스주의자입니다. 우리는 무엇이든 우리 힘으로 하려 하며, 우리 자신만을 의지합니다. 거듭난 이후에도 우리 안에 남아 있는 죄의 잔여들 때문에 종종 이 거짓 가르침이 매력적으로 보이기도 합니다. 또, 아마 대부분의 사람이 동의할 텐데, 아르미니우스주의의 주장에 마음이 쏠리는 것은 그 주장이 무척 아름답게? 느껴지기 때문입니다. 그 주장에도 하나님을 높이고, 예수 그리스도를 시인하는 내용이 담겨 있기 때문입니다. 게다가 우리의 마음가짐과 행동에 따라 신앙을 경험할 수 있다는 것은 정말 매력적으로 보입니다.

하지만, 아르미니우스주의는 삼위 하나님의 구속사를 갈기갈기 찢어 놓습니다. 아르미니우스주의에 따르게 되면 성부 하나님께서 계획하셨지만 성자께서는 생각이 조금 다르십니다. 성자께서 모든 사람을 위해 피 흘리셨지만 성령께서는 어떤 사람들을 그냥 지나치십니다. 또는 성령께서 최선을 다하셔도 성부나 성자께서 의도하신 것을 만족시키지 못하십니다.

결코 그렇지 않습니다! 성경의 가르침은 그것이 아닙니다. 도르트 신조의 이 은혜 교리들은 삼위 하나님께 합당할 뿐 아니라 삼위 하나님을 보여줍니다. 그리스도께서 제공하신 속죄는 어느 하나도 땅에 떨어지지 않습니다. 원래 의도됐던 그대로, 완전히, 그렇게 성령님에 의해 열매를 맺습니다. 우리는 이해하고 알기 위해 나누어서 생각하려고 합니다. 그러나 삼위 하나님께서는 구분은 있을지언정 언제나 모든 일이 일치와 조화를 이룹니다. 우리는 속죄의 전제를 생각하고 또 속죄의 범위를 생각하고, 또 실제 적용을 생각하는 등 따로 생각하지만, 성경이 말하는 속죄는 속죄 자체에 의도와 범위와 적용이 모두 하나로 묶여 있습니다. 오직 한 가지의 속죄만이 있을 뿐입니다. 목적과 방법과 적용에서 다른 것을 생각할 수 없는 오직 한 가지 말입니다.

이런 내용이 도르트 신조 곳곳에 나타나 있는데 특히 둘째 교리 8항 같은 곳에는 더욱 뚜렷이 나타나 있습니다.

8항: 그리스도의 죽으심으로 말미암는 구원의 효과

왜냐하면 하나님께서 택함 받은 사람들에게만 의롭다 함을 받는 믿음을 선물로 주시고, 이 믿음으로 그들이 반드시 구원받게 하시기 위해 하나님의 아들이 고귀하게 치르신 죽음을 통해 택하신 자들을 효과적으로 살리고 구원하는 것이 바로 하나님의 전적으로 주권적인 계획과 은혜로 풍성한 뜻이며 의도였기 때문이다.

다시 말하면, 하나님의 뜻은 모든 백성과 족속과 나라와 방언 가운데서 영원 전에 하나님께서 구원받도록 택하셔서 그리스도께 주신 모든 사람을 그리스도께서 십자가에서 흘리신 (새 언약을 확증하는) 피를 통해 효과적으로 구속하시는 것, 그리스도께서 (성령님께서 주시는 다른 구원하는 은사들과 같이 그들을 위해 자신의 죽으심으로 값 주고 사신) 믿음을 그들에게 주시는 것, 그들의 원죄와 그들이 믿기 전에 지은 본죄나 믿은 후에 지은 본죄 모두 그리스도의 피로 깨끗하게 하시는 것, 그들을 끝까지 신실하게 지키셔서 마침내 티나 주름 잡힌 것 없이 그리스도 앞에 영광스러운 교회로 세우시는 것이다.

성부께서 어떤 사람들을 구원하기로 선택하셨고, 성자께서 값 주고 사셨습니다. 그리고 성령께서는 택함 받은 자들에게 구원을 적용하시며, 그 구원의 결과와 열매가 불변하고 영원하며 신적이고 선하도록 이루어 가십니다. 삼위 간에 어떠한 불일치나 의견대립이나 안타까움이 없습니다. 오직 완전한 또는 하나의 연합과 일치와 조화가 있습니다.

그래서 어떤 사람들은 이 신조 때문에 하나님을 더욱 찬양합니다. 더욱 사랑하고 더욱 의지하고 더욱 열망합니다.

이런 이유들로 하나님의 주권적 은혜 교리를 담고 있는 이 위대한 신앙고백을 네덜란드 교회는 "벨직 신앙고백", "하이델베르크 교리문답"과 함께 교회의 표준문서로 삼고 교회에서 계속해서 가르치도록 했습니다.

그런데 아연하게도 도르트 신조가 지금까지 많은 비방을 받거나 오해를 받은 큰 이유는 바로 도르트 신조가 실제로 가르쳐지지도, 읽히지도 않았기 때문입니다.

또 신조 본문 전체는 우리를 "제한 속죄" 같은 하나의 표현에 가두지 않습니다. 무론 우리는 도르트 신조가 가리키는 제한 속죄를 승인하고 높이며 사랑합니다. 하지만 많은 경우 우리는 도르트 신조 전체를 충분히 살펴보고 익히지 않은 상태에서 "제한 속죄란 이런 것이다." 하며 아주 짤막하게 정리하고 넘어가 버립니다. 신조를 작성하고 표준문서로 삼고 교회에서 계속 가르치도록 한 이유 중 가장 큰 이유는 바로 이 신조가 가리키는 내용을 참되고 바르게 알고, 사랑하고, 이 신조를 가지고 신앙고백하게끔 하는 것입니다. 그러나 정말 많은 경우 우리는 보편 속죄에 대한 반론으로 제한 속죄를 배웁니다. "개혁주의(또는 칼빈주의)가 성경적이다."라고 우리의 우수성?을 드러내기 위해 속죄 교리를 다룹니다.

아, 이제 우리도 선조들의 발자취를 따라 도르트 신조가 가리키는 바를 참되게 믿고, 신조가 가리키는 내용으로 삼위 하나님을 예배했으면 좋겠습니다. 하나님의 주권적 은혜에 대해 이토록 성경에 충실하고, 아름답고 탁월하게 선언한 신앙고백은 없기 때문입니다.

따라서 다른 어떤 이유보다도 하나님을 참되게 예배하고 높이며, 받을 자격이 없는 사람들에게 베푸신 하나님의 은혜에 감사하기 위해 도르트 신조를 부지런히, 겸손하게, 경외하는 마음으로 읽고 공부하는 우리 모두가 되길 소망합니다.

첫째 교리
하나님의 선택과 유기

1항: 모든 사람이 하나님께 정죄 받아 마땅함

2항: 하나님께서 독생자를 세상에 보내심으로 자기의 사랑을 나타내심

3항: 복음 전파

4항: 복음 전파에 대한 두 가지 반응

5항: 불신앙의 원인과 믿음의 원인

6항: 하나님의 영원한 작정

7항: 선택

8항: 단 하나의 선택의 작정

9항: 앞을 내다보신 믿음에 근거하지 않은 선택

10항: 하나님의 선하신 기쁨에 기초한 선택

11항: 변하지 않는 선택

12항: 선택의 확신

13항: 이 확신의 가치

14항: 선택을 계속해서 가르쳐야 함

15항: 성경이 말하는 유기

16항: 유기 교리에 대한 반응들

17항: 신자의 자녀가 유아기에 죽을 때의 구원

18항: 선택과 유기에 대한 적절한 태도, 불평이 아닌 경배

1항: 모든 사람이 하나님께 정죄 받아 마땅함

모든 사람은 아담 안에서 죄를 지었기 때문에 저주 아래에 있으며 영원한 죽음을 겪는 것이 마땅하다. 그러므로 하나님께서 온 인류를 죄와 저주 아래 두시고 그들의 죄로 말미암아 그들을 정죄하시는 것이 하나님의 뜻일지라도, 하나님께서는 어느 누구에게도 불의하게 행하시는 것이 아니다. 사도는 다음과 같이 증언한다. "온 세상으로 하나님의 심판 아래에 있게 하려 함이라"(롬 3:19), "모든 사람이 죄를 범하였으매 하나님의 영광에 이르지 못하더니"(롬 3:23), "죄의 삯은 사망이요"(롬 6:23).

2항: 하나님께서 독생자를 세상에 보내심으로 자기의 사랑을 나타내심

그러나 하나님께서 자기의 사랑을 이렇게 나타내 보이셨다. 곧 하나님께서는 독생자를 세상에 보내셔서 독생자 예수 그리스도를 믿는 사람은 누구든지 멸망하지 않고 영생을 얻게 하셨다(요일 4:9; 요 3:16).

3항: 복음 전파

그리고 하나님께서는 사람들이 그리스도를 믿게 하시려고 자비로우시게도 하나님께서 원하시는 사람들에게 하나님께서 원하시는 때에 이 큰 기쁨의 좋은 소식을 전하는 자들을 보내신다. 하나님께서는 이 복음 전파를 통해서 사람들이 회개하고 십자가에 못 박히신 그리스도를 믿도록 부르신다. "그런즉 그들이 믿지 아니하는 이를 어찌 부르리요 듣지도 못한 이를 어찌 믿으리요 전파하는 자가 없이 어찌 들으리요 보내심을 받지 아니하였으면 어찌 전파하리요"(롬 10:14-15).

4항: 복음 전파에 대한 두 가지 반응

이 복음을 믿지 않는 사람들에게는 하나님의 진노가 머물러 있다. 그러나 이 복음을 받아들이고 구주 예수님을 참되고 살아 있는 믿음으로 영접하는 사람들은 구주 예수님으로 말미암아 하나님의 진노와 멸망에서 구원받고 영생을 선물로 받는다.

5항: 불신앙의 원인과 믿음의 원인

다른 모든 죄와 마찬가지로 이 불신앙의 원인과 불신앙에 따른 죄책은 결코 하나님께 있지 않고 사람에게 있다. 하지만, 예수 그리스도를 믿는 믿음과 그리스도로 말미암아 받는 구원은 하나님께서 값없이 주시는 선물이다. 성경은 다음과 같이 증언한다. "너희는 그 은혜에 의하여 믿음으로 말미암아 구원을 받았으니 이것은 너희에게서 난 것이 아니요 하나님의 선물이라"(엡 2:8), "그리스도를 위하여 너희에게 은혜를 주신 것은 다만 그를 믿……게 하려 하심이라"(빌 1:29).

6항: 하나님의 영원한 작정

사람들이 이 세상에서 사는 동안 하나님께서 어떤 사람들에게는 믿음을 선물로 주시고, 다른 사람들에게는 믿음을 선물로 주시지 않는 것은 하나님의 영원한 작정에서 유래한다. 하나님께서는 하나님께서 하시는 모든 일을 영원부터 아시기 때문이다(행 15:18; 엡 1:11). 이 작정에 따라 하나님께서는 택하신 사람들의 마음이 아무리 완고하다 할지라도 하나님의 은혜로 그들의 마음을 부드럽게 하시고 그들이 믿게 하신다. 그러나 하나님께서는 하나님의 공의로운 심판을 따라 택하시지 않은 사람들을 그들 자신의 악함과 완고함 가운데 내버려 두신다. 여기에서 똑같이 멸망 받아 마땅한 모든 사람을 구별하시는 하나님의 한 없이 깊으시고, 자비로우시고, 공의로우신 행위가 특별히 드러난다. 이것이 바로 하나님의 말씀 안에 계시된 선택과 유기의 작정이다. 악하고 더러우며 요동하는 사람들은 선택과 유기의 작정을 왜곡하여 그들 스스로 파멸에 이르게 되지만, 거룩하고 경건한 영혼들에게 선택과 유기의 작정은 말로 다 할 수 없는 큰 위로가 된다.

7항: 선택

선택은 하나님의 변하지 않으시는 결정이다. 그 결정에 따라 하나님께서는 창세전에 오직 은혜로, 하나님의 자유롭고 선하신 뜻에 따라서, 자신들의 잘못으로 원래의 흠 없는 상태에서 죄와 파멸 가운데 빠진 온 인류 가운데서, 정하신 수의 사람들을 그리스도 안에서 구원하기로 택하셨다. 택함 받은 사람들이 택함 받지 않은 사람들보다 더 낫거나,

어떤 택함 받을 만한 자격이 그들에게 있어서 택함 받은 것이 아니다. 모든 사람이 똑같이 비참 가운데 놓여 있었다. 그러나 하나님께서는 그리스도 안에서 다음과 같은 일들을 행하셨는데, 영원 전에 그리스도를 모든 택함 받은 사람의 중보자로, 그들의 머리로, 그들을 구원하시는 기초로 정하셨다. 그다음에 하나님께서는 택하신 자들을 그리스도께 주시기로, 그리스도로 말미암아 그들이 구원받게 하시기로, 그들이 그리스도와 교제하도록 하나님의 말씀과 성령님으로 그들을 효과적으로 부르시고 이끄시기로 작정하셨다. 다시 말해서, 하나님께서는 택하신 자들이 그리스도를 참되게 믿으며, 그들이 의롭다 함을 받으며, 그들이 점점 거룩하게 되며, 하나님의 아들이신 그리스도와 그들이 나누는 교제를 권능으로 지키신 후, 마침내 택하신 자들이 영화롭게 되도록 작정하셨다. 하나님께서는 하나님의 자비를 나타내시기 위해, 하나님의 영광스러운 은혜의 풍성함으로 말미암아 찬송 받으시기 위해 이 모든 일을 행하신다. 성경은 다음과 같이 증언한다. "곧 창세전에 그리스도 안에서 우리를 택하사 우리로 사랑 안에서 그 앞에 거룩하고 흠이 없게 하시려고 그 기쁘신 뜻대로 우리를 예정하사 예수 그리스도로 말미암아 자기의 아들들이 되게 하셨으니 이는 그가 사랑하시는 자 안에서 우리에게 거저 주시는 바 그의 은혜의 영광을 찬송하게 하려는 것이라"(엡 1:4-6), "또 미리 정하신 그들을 또한 부르시고 부르신 그들을 또한 의롭다 하시고 의롭다 하신 그들을 또한 영화롭게 하셨느니라"(롬 8:30).

8항: 단 하나의 선택의 작정

이 선택은 여럿이 있지 않다. 구약과 신약 아래에서 구원받기로 택함 받은 모든 사람에게는 단 하나의, 같은 선택만이 있다. 성경은 하나님의 선하신 기쁨과 목적과 계획의 뜻이 하나라고 선포하기 때문이다. 이 선택의 작정에 따라 하나님께서는 우리가 은혜와 영광에 이르고, 구원받으며, 우리를 위해 예비하신 구원의 길을 걷도록 우리를 선택하셨다.

9항: 앞을 내다보신 믿음에 근거하지 않은 선택

하나님께서는 사람들이 택함 받는 데 필요한 원인이나 조건으로서의, 앞을 내다보신 믿음이나 순종, 거룩함, 또는 다른 선한 자질이나 기질에 근거하여 선택하지 않으신다. 오히려 사람들이 믿고, 순종하고, 거룩해지도록 하나님께서 선택하신다. 따라서 선택은 구원에 따르는 모든 혜택의 근원이다. 믿음과 거룩함과 다른 구원의 선물들, 최종적으로는 영생 그 자체가 선택의 열매와 효과로써 선택으로부터 흘러나온다. 사도는 다음과 같이 증언한다. "곧 창세전에 그리스도 안에서 우리를 택하사 우리로 사랑 안에서 그 앞에 거룩하고 흠이 없게 하시려고"(엡 1:4).

10항: 하나님의 선하신 기쁨에 기초한 선택

받을 자격이 없는 이 과분한 선택의 원인은 오직 하나님의 선하신 기쁨뿐이다. 이 선하신 기쁨은 하나님께서 모든 가능한 조건 중에서 사람의 어떤 자질이나 행위를 구원의 조건으로 삼으시는 것이 아니라, 모두 똑같은 죄인의 무리 중에서 하나님께서 어떤 사람들을 하나님의 소유로 자녀 삼으신다는 것이다. 성경은 다음과 같이 증언한다. "그 자식들이 아직 나지도 아니하고, 무슨 선이나 악을 행하지 아니한 때에 …… 리브가에게 이르시되 큰 자가 어린 자를 섬기리라 하셨나니 기록된 바 내가 야곱은 사랑하고 에서는 미워하였다 하심과 같으니라"(롬 9:11-13), "영생을 주시기로 작정된 자는 다 믿더라"(행 13:48).

11항: 변하지 않는 선택

하나님께서는 지극히 지혜로우시고, 불변하시며, 모든 것을 다 아시고, 전능하시다. 그러므로 하나님의 선택은 중단되거나, 변하거나, 철회될 수 없고, 무효가 될 수도 없다. 택함 받은 사람들은 버림 받을 수도, 그 수가 줄 수도 없다.

12항: 선택의 확신

택함 받은 사람들은 각자 다양한 단계를 거치고 확신의 정도에서도 차이를 보이기는 하지만, 하나님께서 정하신 때에, 자신들을 구원에 이르게 하는 영원하고 변하지 않는 선택을 자신들이 받았다는 것을 확신하게 된다. 선택에 대한 이러한 확신은 감추어져 있고, 하나님에 대한 깊은 지식과 하나님께서 하시는 비밀한 일을 호기심 어린 마음으로 캐물어서 얻게 되는 것이 아니다. 선택에 대한 이러한 확신은 택함 받은 사람들이 하나님의 말씀에서 알려주는 선택의 명백한 열매들, 곧 그리스도에 대한 참된 믿음, 자녀로서 하나님께 갖는 경외, 자신의 죄에 대한 거룩한 비탄, 의에 주리고 목말라함과 같은 것들을 영적 기쁨과 거룩한 즐거움으로 자신 안에서 발견함으로써 얻는다.

13항: 이 확신의 가치
이러한 선택을 깨달아 알고 확신하는 것은 하나님의 자녀들로 하여금 매일 하나님 앞에서 겸손하게 하고, 하나님의 헤아릴 수 없이 깊은 자비하심을 찬양하게 하고, 자신들을 깨끗하게 하고, 그들에게 먼저 그토록 큰 사랑을 보여 주신 하나님께 뜨거운 사랑으로 감사하게 하는 더 큰 동기가 된다. 따라서 선택 교리를 가르치고 묵상하는 일이 하나님의 자녀들로 하여금 하나님의 계명에 순종하는 데 해이하게 하거나 육적인 자기 과신에 빠지게 한다고 말할 수 없다. 하나님의 계명에 순종하는 데 해이하게 하거나 육적인 자기 과신에 빠지게 하는 일은 흔히, 하나님의 공의로우신 심판에 따라, 분별없이 선택의 은혜를 받았다고 여기거나, 택함 받은 사람들이 걷는 길을 가려 하지 않고 선택의 은혜를 무익하고 뻔뻔하게 이야기하는 사람들에게 일어난다.

14항: 선택을 계속해서 가르쳐야 함
하나님의 지극히 지혜로우신 계획에 따라, 구약과 신약 시대에 선지자들과 사도들이, 누구보다 그리스도께서 직접 하나님의 선택 교리에 관한 이러한 가르침을 선포하셨다. 이어서 하나님께서는 이 가르침들이 성경에 기록되게 하셨다. 따라서 오늘날에도 이러한 가르침을 선포하도록 특별히 세우신 하나님의 교회 안에서, 신중하게, 경건하고 거룩한 방법으로 적절한 때와 장소에서 이 하나님의 선택 교리를 가르쳐야 한다. 이때 지극히 높으신 하나님의 생각과 일을 호기심 어린 마음으로 캐물으려는 태도로 해서는 안 된다. 우리는 이 하나님의 선택 교리를 하나님의 지극히 거룩한 이름에 영광을 돌리고, 하나님의 백성에게는 살아 있는 위로를 주기 위해 가르쳐야 한다.

15항: 성경이 말하는 유기
더욱이, 성경은 하나님의 백성에 대한 하나님의 선택이 영원하며, 받을 자격이 없는 자에게 베풀어지는 과분한 은혜임을 특별히 강조하고, 우리 눈에 두드러지게 보여 준다. 특히 성경은 모든 사람이 택함 받은 것이 아니라 어떤 사람들은 하나님의 택하심을 받지 못하고 하나님의 영원한 선택에서 지나쳐 버림을 받는다고 증언한다. 하나님께서는 하나님의 더없는 자유로우심과 더없는 공의로우심, 흠잡을 데 없으며 변하지 않는 선한 기뻐하심에 따라 다음과 같이 작정하셨다. 곧 하나님께서는 택하시지 않은 사람들이 자신들 스스로 잘못하여 빠지게 된 그 공통의 비참 가운데 그들을 내버려 두시기로, 그들에게 구원받는 믿음과 회심하게 하는 은혜를 베풀지 않으시기로, 마지막에는 하나님의 공의로우심을 나타내시기 위해, (그들이 선택해서 걸어온 길과 하나님의 공의로운 심판에 남겨진) 그들의 불신앙과 그들이 지은 다른 모든 죄로 말미암아 그들을 정죄하시고 그들이 영원히 형벌 받도록 작정하셨다. 이것을 유기의 작정이라고 한다. 유기의 작정은 하나님을 결코 죄의 조성자로 만들지 않는다(이는 불경한 신성모독이다!). 오히려 유기의 작정은 하나님을 두렵고 흠 없으며 공의로 재판하시는 심판자이시자 보응하시는 분으로 선포한다.

16항: 유기 교리에 대한 반응들

그리스도께 대한 살아 있는 믿음, 확실한 마음의 신뢰, 양심의 평안, 어린 자녀가 부모에게 순종하는 것과 같이 순종하려는 열심, 그리스도로 말미암아 하나님께 영광 돌리는 일을 아직 자신 안에서 활발하게 경험하지 못하는 사람들이 있다. 그런데도 하나님께서 우리 안에 이런 일들을 이루겠다고 약속하시며 이를 위해 주신 수단들을 사용하는 사람들이 있다. 이런 사람들은 유기에 대해 들을 때 불안해하지 말아야 하며, 자신들을 유기된 자로 생각해서도 안 된다. 오히려 그들은 계속해서 하나님께서 주신 수단들을 부지런히 사용하고, 하나님께서 은혜를 더욱 풍성히 베풀어 주시기를 간절히 원하며, 하나님을 경외하면서 하나님께서 은혜 베풀어 주실 때를 겸손하게 기다려야 한다.

하물며 진심으로 하나님께로 돌이키고자 하며 진심으로 하나님만을 기쁘시게 하고 진심으로 사망의 몸에서 건짐 받기를 원하지만, 아직 자신들이 열망하는 만큼 경건함과 신앙에 이르지 못한 사람들에게는 이 유기 교리에 대해 두려워할 이유가 앞의 사람들보다 훨씬 더 적다. 우리 자비로우신 하나님께서는 꺼져 가는 등불을 끄지 아니하고, 상한 갈대를 꺾지 않는다고 약속하셨기 때문이다.

그러나 하나님과 구주 예수 그리스도를 일부러 생각하지 않으며, 세상의 염려와 육신의 정욕 가운데 자신들을 전적으로 내던지는 사람들에게, 그들이 하나님께로 진심으로 돌이키지 않는 한, 이 유기 교리는 마땅히 크게 두려운 것이다.

17항: 신자의 자녀가 유아기에 죽을 때의 구원

우리는 하나님의 말씀에서 하나님의 뜻을 판단해야만 하는데, 하나님의 말씀은 신자의 자녀들이 본성상 거룩해서가 아니라 그들이 그 부모와 함께 맺게 된 은혜 언약 때문에 거룩하다고 증언한다.

그러므로 경건한 부모들은 유아기에 하나님께서 이 세상에서 불러 가신 자기 자녀들의 선택과 구원을 결코 의심하지 말아야 한다.

18항: 선택과 유기에 대한 적절한 태도, 불평이 아닌 경배

받을 자격이 없는 사람들에게 베푸시는 이 과분한 선택의 은혜와 공의로운 유기의 엄격함에 대해 불평하는 사람들에게 우리는 다음과 같이 사도들의 증언으로 대답하고자 한다. "이 사람아 네가 누구이기에 감히 하나님께 반문하느냐"(롬 9:20)? 그리고 우리 구주의 말씀으로 대답하고자 한다. "내 것을 가지고 내 뜻대로 할 것이 아니냐"(마 20:15)? 우리는 선택과 유기와 관련된 모든 비밀스러운 일에 대해 하나님을 경외하고 경배하면서 사도와 함께 외친다. "깊도다, 하나님의 지혜와 지식의 풍성함이여! 그의 판단은 헤아리지 못할 것이며 그의 길은 찾지 못할 것이로다. 누가 주의 마음을 알았느냐? 누가 그의 모사가 되었느냐? 누가 주께 먼저 드려서 갚으심을 받겠느냐? 이는 만물이 주에게서 나오고 주로 말미암고 주에게로 돌아감이라 그에게 영광이 세세에 있을지어다! 아멘"(롬 11:33-36).

지금까지 선택과 유기에 관한 참된 교리를 밝히 드러냈으므로, 총회는 다음의 오류들을 거부한다.

오류 1

항론파의 주장: 믿고, 믿음 안에서 인내하며 순종할 사람들을 하나님께서 구원하신다는 것이 구원에 이르는 선택에 대한 작정의 모든 것이며 전부다. 이 외에는 작정에 대한 어떤 것도 하나님의 말씀에서 계시되지 않았다.

성경에 따른 반론: 이 주장은 순진한 사람들을 미혹하며 성경의 가르침을 명백히 부정한다. 성경은 하나님께서 믿을 사람들을 구원하신다고 선포할 뿐만 아니라, 하나님께서 영원 전에 어떤 사람들을 선택하셔서 이 세상에서 사는 동안 다른 사람들이 아닌 하나님께서 영원 전에 선택하신 바로 그 사람들이 그리스도를 믿고 그 믿음 안에서 인내하게 하신다고 선포한다. 기록된 말씀이 증언한다. "세상 중에서 내게 주신 사람들에게 내가 아버지의 이름을 나타내었나이다"(요 17:6). "영생을 주시기로 작정된 자는 다 믿더라"(행 13:48). "곧

창세전에 그리스도 안에서 우리를 택하사 우리로 사랑 안에서 그 앞에 거룩하고 흠이 없게 하시려고"(엡 1:4).

오류 2

항론파의 주장: 영생을 주시는 하나님의 선택에는 여러 종류가 있다. 일반적이며 불확정적인 선택이 있고, 특별하며 확정적인 선택이 있다. 특별하며 확정적인 선택에는 불완전하고 취소될 수 있으며 미결정적이고 조건적인 선택과 완전하고 취소될 수 없으며 결정적이고 절대적인 선택이 있다. 마찬가지로, 믿음에 이르는 선택이 있고, 구원에 이르는 선택이 있다. 따라서 구원받는 결정적인 선택까지는 아니더라도 의롭게 하는 믿음을 주시는 선택이 있을 수 있다.

성경에 따른 반론: 이 주장은 성경의 가르침과는 상관없이 사람이 자기 머리에서 지어낸 이야기이며, 선택에 관한 성경의 가르침을 왜곡하고 다음과 같은 구원의 황금 사슬을 끊어 버린다. "또 미리 정하신 그들을 또한 부르시고 부르신 그들을 또한 의롭다 하시고 의롭다 하신 그들을 또한 영화롭게 하셨느니라"(롬 8:30).

오류 3

항론파의 주장: 성경이 선택 교리에서 말하는 하나님의 선하신 기쁘심과 뜻은 하나님께서 어떤 사람들은 택하시고 어떤 사람들은 택하지 않으신다는 것이 아니다. 오히려 하나님께서는 (율법의 행위를 포함한) 모든 가능한 조건 중에서 불완전한 믿음의 순종은 물론 본질적으로 구원받는 데 아무런 가치 없는 신앙의 행위도 구원의 조건으로 선택하신다는 것이다. 그리고 하나님께서는 은혜롭게도 이런 것들을 완전한 순종으로, 영생의 상을 받을 만한 가치 있는 것으로 여겨주신다.

성경에 따른 반론: 이 치명적인 오류는 하나님의 선하신 기쁘심과 그리스도의 공로를 아무런 의미도 없는 것으로 만들어 버린다. 또 사람들이 무익한 연구를 하게 함으로써 받을 자격 없는 사람들에게 베푸시는 칭의의 진리와 성경 교훈의 단순성에서 멀어지게 한다. 이 주장은 사도의 다음 증언을 거짓이라고 비난한다. "하나님이 우리를 구원하사 거룩하신 소명으로 부르심은 우리의 행위대로 하심이 아니요 오직 자기의 뜻과 영원 전부터 그리스도 예수 안에서 우리에게 주신 은혜대로 하심이라"(딤후 1:9).

오류 4

항론파의 주장: 믿음에 이르는 선택을 받기 위한 전제 조건으로 사람은 본성의 빛을 올바르게 사용해야 하며, 경건하고, 주제넘지 않고, 겸손하며, 영생을 준비해야 한다. 선택은 이런 요소들에 어느 정도 의존하는 것처럼 보이기 때문이다.

성경에 따른 반론: 펠라기우스의 냄새를 풍기는 이 주장은 사도의 가르침과 반대된다. "전에는 우리도 다 그 가운데서 우리 육체의 욕심을 따라 지내며 육체와 마음의 원하는 것을 하여 다른 이들과 같이 본질상 진노의 자녀이었더니 긍휼이 풍성하신 하나님이 우리를 사랑하신 그 큰 사랑을 인하여 허물로 죽은 우리를 그리스도와 함께 살리셨고 (너희는 은혜로 구원을 받은 것이라) 또 함께 일으키사 그리스도 예수 안에서 함께 하늘에 앉히시니 이는 그리스도 예수 안에서 우리에게 자비하심으로써 그 은혜의 지극히 풍성함을 오는 여러 세대에 나타내려 하심이라 너희는 그 은혜에 의하여 믿음으로 말미암아 구원을 받았으니 이것은 너희에게서 난 것이 아니요 하나님의 선물이라 행위에서 난 것이 아니니 이는 누구든지 자랑하지 못하게 함이라"(엡 2:3-9).

오류 5

항론파의 주장: 어떤 사람들을 구원하는 불완전하고 미결정적인 선택은 이제 막 시작됐거나 일어난 지 얼마 안 된, 앞을 내다본 믿음과 회심과 거룩함과 경건함을 근거로 이루어진다. 반면, 어떤 사람들을 구원하는 완전하고 결정적인 선택은 믿음과 회심과 거룩함과 경건함 안에서 끝까지 앞을 내다본 인내 때문에 이루어진다. 그리고 택함 받은 사람이 택함 받지 못한 사람보다 더 가치 있으므로 이 선택이 은혜롭고 복음적인 가치를 지니게 된다. 그러므로 믿음, 믿음의 순종, 거룩함, 경건함, 인내는 영광에 이르게 될 사람들이 맺게 될 불변하는 선택의 열매나 효과가 아니라, 완전한 선택 안에서 택함 받을 사람들에게 필요한 조건과 원인이며, 그들 안에서 성취될 것으로 하나님께서 앞을 내다보신 것이다.

성경에 따른 반론: 이 주장은 성경 전체의 가르침에 어긋난다. 성경은 성경 전체에 걸쳐 다음과 같은 말씀들을 우리의 마음과 귀에 새긴다. "택하심을 따라 되는 하나님의 뜻이 행위로 말미암지 않고 오직 부르시는 이로 말미암아 서게 하려 하사"(롬 9:11). "영생을 주시기로 작정된 자는 다 믿

더라"(행 13:48). "곧 창세전에 그리스도 안에서 우리를 택하사 우리로 사랑 안에서 그 앞에 거룩하고 흠이 없게 하시려고"(엡 1:4). "너희가 나를 택한 것이 아니요 내가 너희를 택하여"(요 15:16). "만일 은혜로 된 것이면 행위로 말미암지 않음이니 그렇지 않으면 은혜가 은혜 되지 못하느니라"(롬 11:6). "사랑은 여기 있으니 우리가 하나님을 사랑한 것이 아니요 하나님이 우리를 사랑하사 우리 죄를 속하기 위하여 화목제물로 그 아들을 보내셨음이라"(요일 4:10).

오류 6

항론파의 주장: 구원에 이르는 모든 선택이 불변하는 것은 아니다. 택함 받은 사람 중 어떤 사람들은 멸망할 수 있고, 실제로 영원히 멸망한다. 그들이 멸망하지 않도록 하나님께서 지켜주시겠다는 작정이 없기 때문이다.

성경에 따른 반론: 항론파는 이 엄청난 오류로 하나님을 변덕스러운 분으로 만들고, 경건한 사람들이 자신들이 받은 선택의 견고함으로 말미암아 누리는 위로를 파괴하며, 성경의 가르침을 부정한다. 그러나 성경은 택하신 자들이 미혹될 수 없으

며(마 24:24), 하나님 아버지께서 예수 그리스도께 주신 자 중에 한 사람도 그리스도께서 잃어버리지 아니하시고(요 6:39), 하나님께서 미리 정하신 그들을 또한 부르시고 부르신 그들을 또한 의롭다 하시고 의롭다 하신 그들을 또한 영화롭게 하신다고 가르친다(롬 8:30).

오류 7

항론파의 주장: 이 세상에서는 변할 수 있고 불확실한 조건에 의존하는 것 말고는, 누구도 영광에 이르는 불변하는 선택을 받는 것에 대해 어떤 열매도 자각도 확신도 가질 수 없다.

성경에 따른 반론: 불확실한 확실성을 말하는 것 자체가 터무니없을 뿐 아니라 항론파의 주장은 성도들의 경험과도 맞지 않는다. 왜냐하면, 성도들은 자신들이 택함 받았음을 자각함으로 사도와 함께 크게 기뻐하며, 하나님께서 주신 이 선택의 은혜로 말미암아 찬양하기 때문이다. 성도들은 그리스도의 제자들과 함께 자신들의 이름이 하늘에 기록된 것으로 기뻐한다(눅 10:20). 마지막으로 성도들은 마귀가 유혹의 불화살을 쏠 때도 자신들이 택함 받은 자라는 것을 자각하면서 다음과 같이

"누가 능히 하나님께서 택하신 자들을 고발하리요?"(롬 8:33)라고 말하며 그 시험을 물리친다.

오류 8

항론파의 주장: 하나님께서는 단지 하나님의 공의로우신 뜻을 따라 누구는 아담의 타락과 죄의 공통된 상태와 정죄 가운데 남겨 두기로, 또는 믿음과 회개에 필요한 은혜를 주시는 일에 누구는 주시지 않고 지나치기로 결정하지 않으신다.

성경에 따른 반론: 이런 주장에 대해 다음과 같은 말씀들이 꿋꿋이 서 있다. "그런즉 하나님께서 하고자 하시는 자를 긍휼히 여기시고 하고자 하시는 자를 완악하게 하시느니라"(롬 9:18). 또한, "천국의 비밀을 아는 것이 너희에게는 허락되었으나 그들에게는 아니되었나니"(마 13:11). 비슷하게 "천지의 주재이신 아버지여, 이것을 지혜롭고 슬기 있는 자들에게는 숨기시고, 어린아이들에게는 나타내심을 감사하나이다. 옳소이다. 이렇게 된 것이 아버지의 뜻이니이다"(마 11:25-26).

오류 9

항론파의 주장: 하나님께서 어떤 민족에게는 복음을 주시고, 또 어떤 민족에게는 복음을 주시지 않는 이유는 이것만이 하나님의 선하신 뜻이어서가 아니다. 오히려 복음을 받은 어떤 민족이 복음을 받지 못한 다른 민족보다 더 낫고 가치 있기 때문이다.

성경에 따른 반론: 모세는 이스라엘 백성에게 다음과 같이 말하면서 이 주장의 오류를 반박한다. "하늘과 모든 하늘의 하늘과 땅과 그 위의 만물은 본래 네 하나님 여호와께 속한 것이로되 여호와께서 오직 네 조상들을 기뻐하시고 그들을 사랑하사 그들의 후손인 너희를 만민 중에서 택하셨음이 오늘과 같으니라"(신 10:14-15). 그리스도께서도 다음과 같이 말씀하셨다. "화 있을진저 고라신아 화 있을진저 벳새다야 너희에게 행한 모든 권능을 두로와 시돈에서 행하였더라면 그들이 벌써 베옷을 입고 재에 앉아 회개하였으리라"(마 11:21).

더 깊은 공부와 나눔을 위한 질문

시작하며

1. "첫째 교리: 하나님의 선택과 유기"를 단걸음에 읽어봅시다.

2. "왜 하나님께서는 모든 사람을 구원받도록 선택하시지 않는가?"라는 질문에 대해 어떻게 생각하십니까? 더 나은 질문이 있을까요?

1항

1. 성경은 사람이 어떤 상태에 있다고 가르칩니까? 관련 성경구절을 찾아 나눠 봅시다. (웨스트민스터 신앙고백 6장과 웨스트민스터 대교리문답 21-29문답을 찾아 비교해 봅시다.)

2항

1. 하나님께서 택하신 자들을 구원하기 위해 보내신 분은 누구십니까? (웨스트민스터 신앙고백 7-8장과 웨스트민스터 대교리문답 30-41문답을 참고하여 설명해 봅시다.)

3-5항

1. 왜 복음 전파가 필요합니까? 하나님께서는 복음 전파를 어떻게 사용하십니까? 왜 어떤 사람들은 복음을 듣고 그리스도를 영접하는 반면, 어떤 사람들은 복음을 거부합니까? (웨스트민스터 신앙고백 1, 10, 14-15장과 웨스트민스터 대교리문답 66-68, 154-155문답을 찾아봅시다.)

6-17항

1. 작정이란 무엇입니까? (웨스트민스터 신앙고백 3, 5장과 웨스트민스터 대교리문답 12-14문답을 보십시오.)

2. 선택과 유기를 하나님의 하나님 되심을 기초로 설명해 보십시오. (웨스트민스터 신앙고백 2장과 웨스트민스터 대교리문답 7-9문답을 참고하십시오).

3. 선택하시고 유기하시는 하나님께서는 공의로우십니까? 성경은 이에 대해 무엇이라고 이야기합니까? (특히 로마서 9장을 보십시오.)

4. 하나님께서 선택하셨음을 확신하는 일의 의미

와 가치를 나눠 봅시다. (웨스트민스터 신앙고백 18장과 웨스트민스터 대교리문답 78-81문답을 보십시오.)

5. 교회는 어떤 이유로 선택 교리를 가르쳐야 합니까? (14항을 다시 읽어보고 웨스트민스터 대교리문답 154-155문답도 찾아봅시다.)

18항
1. 성경이 가르치는 선택 교리에 대해 우리가 가져야 할 마땅한 태도는 무엇입니까? (다음 성경 구절을 찾아봅시다. 신 29:29; 대상 29:11-12; 욥 1:21; 시 8:4; 전 11:5; 사 55:8-9; 롬 11:33. 또 웨스트민스터 대교리문답 7, 105, 113문답을 참고하십시오.

기타
1. '조건적 선택', '예지 예정'이란 말들이 갖는 모순을 지적해봅시다. '조건적' 선택을 선택이라고 말할 수 있습니까? '예지' 예정을 예정이라고 말할 수 있습니까?

마치며

1. 이 선택 교리를 부정할 때 생기는 오류와 어려움은 무엇입니까? 그런 오류와 어려움들이 왜 하나님을 욕되게 하고 우리에게 절망을 줍니까?

2. 이 교리가 하나님을 어떻게 영화롭게 합니까?

3. 이 교리가 우리에게 주는 위로는 무엇입니까?

"첫째 교리: 하나님의 선택과 유기"를 읽으면서 하나님께서 깨닫게 해 주신 것과 베풀어 주신 은혜를 생각하며 감사합시다. 또 깨달아 배우고 확신한 일에 거할 수 있게 해 달라고 기도합시다.

둘째 교리

그리스도의 죽으심과
그 죽으심으로 말미암은 사람의 구속

1항: 하나님의 공의가 요구하는 형벌
2항: 그리스도께서 하나님의 공의에 대하여 하나님을 만족하시게 하심
3항: 그리스도의 죽으심이 지니는 무한한 가치
4항: 그리스도의 죽으심이 무한한 가치를 지니는 이유
5항: 모든 사람에게 복음을 선포하라고 명령하심
6항: 불신앙에 대한 사람의 책임 – 어떤 사람들이 믿지 않는 이유
7항: 하나님께서 믿음을 선물로 주심 – 어떤 사람들이 믿는 이유
8항: 그리스도의 죽으심으로 말미암는 구원의 효과
9항: 하나님께서 세우신 계획의 성취

1항: 하나님의 공의가 요구하는 형벌

하나님께서는 지극히 자비로우실 뿐만 아니라 지극히 공의로우시다. 하나님의 공의는 (하나님께서 말씀에서 하나님 자신을 계시하신 것과 같이) 하나님의 무한하신 위엄을 거슬러 저지른 우리의 죄에 대해 우리 몸과 영혼 모두에 일시적인 형벌들과 영원한 형벌을 요구한다. 하나님의 공의에 대하여 하나님께서 만족하시지 않는 한 우리는 이 형벌들을 면할 수 없다.

2항: 그리스도께서 하나님의 공의에 대하여 하나님을 만족시키게 하심

하지만 우리 스스로는 하나님의 공의에 대한 만족을 하나님께 드릴 수 없으며, 하나님의 진노로부터 우리 자신을 건져 낼 수도 없다. 그래서 하나님께서는 하나님의 무한하신 자비로 하나님의 독생자를 우리에게 보증으로 주시고, 보증이신 독생자 그리스도께서 우리를 위해 하나님의 공의에 대한 만족을 하나님께 드리시도록, 십자가에서 우리를 위해, 우리를 대신해 그리스도께서 죄와 저주가 되게 하셨다.

3항: 그리스도의 죽으심이 지니는 무한한 가치

하나님의 아들의 이 죽으심은 죄에 대한 유일하고 전적으로 완전한 희생제사이자 만족이며, 무한한 가치를 지니기에 온 세상의 죄를 속하는 데 넘치도록 충분하다.

4항: 그리스도의 죽으심이 무한한 가치를 지니는 이유

그리스도의 죽으심이 무한한 가치를 지니는 이유는 죽음을 겪으신 그리스도께서 우리의 구주가 되시기 위해 필요한 조건으로 완전히 거룩한 사람이실 뿐만 아니라, 하나님의 독생자로서 성부 하나님과 성령 하나님과 본질이 같으시고, 동등하게 영원하시며 무한하신 분이기 때문이다. 또한, 그리스도의 죽으심은 우리가 지은 죄 때문에 우리가 마땅히 받아야 할 하나님의 진노와 저주를 그리스도께서 우리 대신 겪으신 것이기 때문에 무한한 가치를 지닌다.

5항: 모든 사람에게 복음을 선포하라고 명령하심

더욱이 복음은 십자가에 못 박히신 그리스도를 믿는 자마다 멸망하지 않고 영생을 얻을 것이라고 약속한다. 이 약속은 회개하고 믿으라는 명령과 함께 모든 나라 모든 사람에게, 그렇게 모든 사람이 복음 듣기를 원하시는 하나님의 선하신 기쁘심에 따라 어떠한 차별이나 예외 없이 선언되고 선포되어야 한다.

6항: 불신앙에 대한 사람의 책임 – 어떤 사람들이 믿지 않는 이유

하지만, 복음을 통해 부르심 받은 사람 중 많은 사람이 회개하지 않고 그리스도를 믿지 않아서 불신앙 가운데 멸망한다. 이들이 멸망하는 것은 그리스도께서 십자가에서 드리신 희생제사가 흠이 있거나 불충분해서가 아니라 그들 자신의 잘못 때문이다.

7항: 하나님께서 믿음을 선물로 주심 – 어떤 사람들이 믿는 이유

그러나 참되게 믿고 그리스도의 죽으심으로 말미암아 그들이 받아야 할 죄와 멸망에서 건짐 받고 구원받는 사람들은 오직 하나님의 은혜로 이 혜택을 받는다. 하나님께서는 어느 누구에게도 이 은혜를 베푸실 의무가 없다. 다만 이 은혜는 하나님께서 영원 전에 그리스도 안에서 그들에게 주신 것이다.

8항: 그리스도의 죽으심으로 말미암는 구원의 효과

왜냐하면 하나님께서 택함 받은 사람들에게만 의롭다 함을 받는 믿음을 선물로 주시고, 이 믿음으로 그들이 반드시 구원받게 하시기 위해 하나님의 아들이 고귀하게 치르신 죽음을 통해 택하신 자들을 효과적으로 살리고 구원하는 것이 바로 하나님의 전적으로 주권적인 계획과 은혜로 풍성한 뜻이며 의도였기 때문이다.

다시 말하면, 하나님의 뜻은 모든 백성과 족속과 나라와 방언 가운데서 영원 전에 하나님께서 구원받도록 택하셔서 그리스도께 주신 모든 사람을 그리스도께서 십자가에서 흘리신 (새 언약을 확증하는) 피를 통해 효과적으로 구속하시는 것, 그리스도께서 (성령님께서 주시는 다른 구원하는 은사들과 같이 그들을 위해 자신의 죽으심으로 값 주고 사신) 믿음을 그들에게 주시는 것, 그들의 원죄와 그들이 믿기 전에 지은 본죄나 믿은 후에 지은 본죄 모두 그리스도의 피로 깨끗하게 하시는 것, 그들을 끝까지 신실하게 지키셔서 마침내 티나 주름 잡힌 것 없이 그리스도 앞에 영광스러운 교회로 세우시는 것이다.

9항: 하나님께서 세우신 계획의 성취

택하신 자들을 영원히 사랑하시기 때문에 세우신 하나님의 이 계획은 태초부터 지금까지 매우 힘 있게 이루어져 왔으며 앞으로도 매우 힘 있게 이루어질 것이다. 음부의 권세가 이 계획을 좌절시키려고 헛되이 애쓴다 할지라도 계속해서 이루어질 것이다. 결국, 때가 되면 택함 받은 사람들은 하나로 모이며, 그리스도의 피 위에 세워진 신자의 교회는 항상 있을 것이다. 이 교회는, 신랑이 자신의 신부를 위해 하듯, 십자가 위에서 자신의 교회를 위해 자기 목숨을 버리신 그들의 구주 그리스도를 늘 변함없이 사랑하고, 끊임없이 예배하며, 지금부터 영원히 찬양할 것이다.

지금까지 그리스도의 죽으심과 그 죽으심으로 말미암은 사람의 구속에 관한 참된 교리를 밝히 드러냈으므로, 총회는 다음의 오류들을 거부한다.

오류 1

항론파의 주장: 성부 하나님께서는 어떤 사람들을 구원할 변하지 않고 분명한 작정 없이 그리스도께서 십자가에서 죽게 하셨다. 그러나 그리스도께서 자신의 죽으심으로 얻으신 구속의 필요성과 유익과 가치는, 비록 그리스도께서 얻으신 구속이 실제로 어느 누구에게도 적용되지 않았다 할지라도, 모든 면에서 완벽하고 완전하며 온전하게 남아 있을 것이다.

성경에 따른 반론: 항론파의 주장은 성부 하나님의 지혜와 예수 그리스도의 공로를 모욕하고, 성경의 가르침을 거스른다. 우리 구주께서 다음과

같이 말씀하셨기 때문이다. "나는 양을 위하여 목숨을 버리노라"(요 10:15). "나는 그들을 알며"(요 10:27). 선지자 이사야는 구주에 대해 다음과 같이 말했다. "그의 영혼을 속건제물로 드리기에 이르면 그가 씨를 보게 되며 그의 날은 길 것이요 또 그의 손으로 여호와께서 기뻐하시는 뜻을 성취하리로다"(사 53:10). 마지막으로 이 거짓 주장은 교회에 관하여 우리가 믿는 바를 고백하는 신경을 거스른다.

오류 2

항론파의 주장: 그리스도께서 죽으신 목적은 자신의 피로 새 언약을 실제로 이루시는 것이 아니라, 은혜 언약이든지 행위 언약이든지 사람과 한 번 더 언약을 맺으실 권리만을, 성부 하나님을 위해 그리스도께서 얻으시는 것이었다.

성경에 따른 반론: 항론파의 이 거짓 주장은 성경의 가르침에 모순된다. 성경은 그리스도께서 더 좋은 언약, 곧 새 언약의 보증과 중보자가 되셨으며(히 7:22), 유언은 유언한 자가 죽은 후에야 유효하다고 가르친다(히 9:15, 17).

오류 3

항론파의 주장: 그리스도께서는 자신이 드리신 만족하시게 하심을 통해 실제로 어느 누구를 위한 구원 그 자체를 공로로 얻으신 것이 아니며, 구원받게 하는 그리스도의 이 만족하시게 하심이 실제로 어느 누구의 것이 되게 하는 믿음도 공로로 얻으신 것이 아니다. 그리스도께서는 다만 성부 하나님을 위해 사람과 새롭게 관계를 맺고 성부 하나님께서 원하시는 대로 새로운 조건을 세우는 권위와 완전한 의지만을 공로로 얻으신 것이다. 하지만 이 조건들을 충족하게 하는 것은 사람의 자유로운 선택에 달려 있다. 따라서 모든 사람이 이 조건이 충족되게 할 수도 있고, 단 한 사람도 이 조건이 충족되지 않게 할 수도 있다.

성경에 따른 반론: 항론파는 그리스도의 죽으심을 너무도 가볍게 생각하고 있다. 또 그리스도께서 자신의 죽으심으로 얻으신 가장 중요한 열매와 혜택을 전혀 인정하지 않으며, 정죄 받은 펠라기우스의 오류를 지옥에서 다시 가져왔다.

오류 4

항론파의 주장: 그리스도의 죽으심으로 이루어진 중보를 통해 하나님께서 사람과 은혜 언약을 새로 맺으셨지만, 우리가 그리스도의 공로를 받아들인다고 해서 우리가 하나님께 의롭다 하심을 받고 믿음으로 구원받는 것은 아니다. 오히려 이 새로운 은혜 언약은 하나님께서 율법에 완전히 순종하라는 요구를 사람에게서 철회하시고, 믿음 그 자체와 불완전한 순종을 율법에 대한 완전한 순종으로 여겨 주실 뿐만 아니라, 은혜롭게도 그 믿음과 불완전한 순종을 영생의 상을 받을 만한 가치 있는 것으로 여겨주신다는 것이다.

성경에 따른 반론: 이 주장은 성경과 모순된다. "그리스도 예수 안에 있는 속량으로 말미암아 하나님의 은혜로 값없이 의롭다 하심을 얻은 자 되었느니라 이 예수를 하나님이 그의 피로써 믿음으로 말미암는 화목제물로 세우셨으니"(롬 3:24-25). 또한 항론파는 간악한 소시누스가 모든 교회가 일치하여 고백한 믿음을 거슬러 그랬던 것처럼 하나님 앞에서 성경과 다른 칭의 교리를 주장하는 것이다.

오류 5

항론파의 주장: 모든 사람이 하나님과 화목하고 은혜 언약으로 받아들여졌으므로 어느 누구도 원죄 때문에 정죄 받지 않으며, 정죄 받지 않을 것이다. 모든 사람은 원죄에 대한 책임에서 벗어났다.

성경에 따른 반론: 이 주장은 우리가 본질상 진노의 자녀라는 성경의 가르침과 충돌한다(엡 2:3).

오류 6

항론파의 주장: 하나님께서는 그리스도께서 자신의 죽으심으로 얻으신 혜택들을 모든 사람에게 똑같이 주기 원하시지만, 어떤 사람들은 죄를 용서 받고 영생을 받지만 어떤 사람들은 받지 못한다. 이런 구별은 차별 없이 베푸시는 은혜를 적용하는 사람들의 자유의지에 따른 것이며, 그들 안에서 이 은혜를 다른 사람들보다 매우 힘 있게 적용하시는 하나님의 특별한 자비의 선물 때문은 아니다.

성경에 따른 반론: 이렇게 가르치는 사람들은 구원을 받는 것과 구원을 적용하는 것의 구별을 오용함으로써 분별력이 부족하고 미숙한 사람들을 혼란하게 한다. 이들은 건전한 의미에서 이 구별을 제시하는 것처럼 가장하지만, 실제로는 사람들의

마음에 펠라기우스주의의 치명적인 독을 주입하려고 애쓰는 것이다.

오류 7

항론파의 주장: 그리스도께서는 하나님께서 극진히 사랑하시고 영생에 이르도록 택하신 사람들을 위해 죽으실 수도 없었고, 죽으셨어도 안 되며, 죽지도 않으셨다. 왜냐하면 그들은 그리스도의 죽으심을 필요로 하지 않기 때문이다.

성경에 따른 반론: 항론파의 이 주장은 다음과 같이 선포하는 사도들의 가르침과 모순된다. "나를 사랑하사 나를 위하여 자기 자신을 버리신 하나님의 아들"(갈 2:20). 비슷하게 "누가 능히 하나님께서 택하신 자들을 고발하리요 의롭다 하신 이는 하나님이시니 누가 정죄하리요"(롬 8:33-34). 또한 이 주장은 다음과 같이 단언하시는 우리 구주의 가르침과도 모순된다. "나는 양을 위하여 목숨을 버리노라"(요 10:15). "내 계명은 곧 내가 너희를 사랑한 것 같이 너희도 서로 사랑하라 하는 이것이니라 사람이 친구를 위하여 자기 목숨을 버리면 이보다 더 큰 사랑이 없나니"(요 15:12-13).

더 깊은 공부와 나눔을 위한 질문

시작하며

1. "둘째 교리: 그리스도의 죽으심과 그 죽으심으로 말미암은 사람의 구속"을 단걸음에 읽어봅시다.

2. 제한 속죄라는 용어에 대해 어떻게 생각하십니까? 더 나은 용어가 있을까요? 다른 용어를 사용할 필요가 있을까요?

1항

1. 하나님의 공의로우심에 따라 사람은 어떤 벌을 받아야 합니까? (웨스트민스터 신앙고백 6장과 웨스트민스터 대교리문답 21-29문답을 보십시오.)

2-4항

1. 우리는 스스로 죄와 비참에서 벗어날 수 있습니까? (웨스트민스터 신앙고백 6장과 웨스트민스터 대교리문답 21-29문답을 다시 읽어봅시다.)

2. 우리 죄는 누구 때문에 하나님께 사하심을 받습

니까? 그리스도의 죽으심은 하나님의 공의에 대해 하나님을 만족하시게 합니까? 그리스도의 죽으심이 갖는 의미와 가치에 대해 설명해 보십시오. (웨스트민스터 신앙고백 7-8장과 웨스트민스터 대교리문답 30-57문답을 보십시오.)

5-8항

1. 제한 속죄와 보편 속죄를 비교해 보십시오. 두 용어가 적절하다고 생각하십니까? 무엇이 성경적입니까?

2. 그리스도의 속죄는 누군가를 실제로 구원합니까? 아니면 사람들이 구원을 받을 수 있는 가능성을 제공하는 데 그칩니까?

9항

1. 교회는 누구입니까? 교회는 어떻게 세워지고 어떻게 이루어져 가며 어떻게 완성됩니까? (웨스트민스터 신앙고백 25-26장을 보십시오.)

마치며

1. 이 속죄 교리를 부정할 때 생기는 오류와 어려움은 무엇입니까? 그런 오류와 어려움들이 왜 하나님을 욕되게 하고 우리에게 절망을 줍니까?

2. 이 교리가 하나님을 어떻게 영화롭게 합니까?

3. 이 교리가 우리에게 주는 위로는 무엇입니까?

"둘째 교리: 그리스도의 죽으심과 그 죽으심으로 말미암은 사람의 구속"을 읽으면서 하나님께서 깨닫게 해 주신 것과 베풀어 주신 은혜를 생각하며 감사합시다. 또 깨달아 배우고 확신한 일에 거할 수 있게 해 달라고 기도합시다.

셋째 · 넷째 교리

사람의 부패, 하나님께로의 회심과 그 회심이 일어나는 과정

1항: 타락이 사람의 본성에 끼친 영향

2항: 부패의 확산

3항: 전적 무능

4항: 불충분한 본성의 빛

5항: 율법의 불충분함

6항: 복음의 필요

7항: 하나님께서 복음을 어떤 사람들에게는 주시고, 어떤 사람들에게는 주지 않으시는 이유

8항: 복음을 통해 진지하게 부르심

9항: 부르심을 받은 사람 중 어떤 사람들이 복음을 거절하는 이유

10항: 부르심을 받은 사람 중 어떤 사람들이 하나님께 나아와 회심하는 이유

11항: 하나님께서 회심을 일으키시는 방법

12항: 초자연적인 중생

13항: 완전히 이해할 수 없는 중생

14항: 하나님께서 믿음을 주시는 방법

15항: 받을 자격이 없는 사람들에게 베푸신 하나님의 은혜에 대한 합당한 태도

16항: 사람의 의지를 올바로 되살아나게 하는 중생

17항: 하나님께서 은혜의 수단을 사용하심

1항: 타락이 사람의 본성에 끼친 영향

사람은 본래 하나님의 형상을 따라 지음 받았다. 하나님께서는 사람의 지성은 사람을 창조하신 하나님과 영적인 일들에 대한 참되고 유익한 지식으로 채워주시고, 사람의 의지와 마음은 의롭게, 정서는 순결하게 지으셨다. 참으로 사람의 모든 면이 거룩했다. 그러나 사람은 마귀가 유혹하자 자유의지로 하나님을 거슬러 반역함으로써 하나님께서 주신 이 탁월한 은사들을 스스로 상실했다. 그리하여 이 탁월한 은사들을 대신하여 사람의 지성은 무지와 끔찍한 어둠과 헛된 생각과 왜곡된 판단에 사로잡히게 되었고, 마음과 의지는 사악하고 패역하고 완고해졌으며, 그의 모든 정서는 불결하게 됐다.

2항: 부패의 확산

타락 후 사람은 자기 자신과 똑같은 본성의 자녀들을 낳았다. 다시 말하면 사람은 부패한 존재로서 부패한 자녀들을 낳은 것이다. 이 부패는 오직 그리스도 한 분만을 제외하고는, 하나님의 공의로운 심판을 따라 아담으로부터 그의 모든 후손에게 퍼졌다. 이는 이전에 펠라기우스주의자들이 주장한 것처럼 모방에 의해서가 아니라, 사악한 본성이 유전됨으로 일어난다.

3항: 전적 무능

따라서 모든 사람이 죄 중에서 잉태되며 진노의 자녀로 태어난다. 구원받을 만한 어떠한 선도 행할 수 없고, 항상 악을 행하며, 자기 죄 가운데 죽었고, 죄의 노예다. 사람은 성령님의 중생하게 하시는 은혜가 없이는 하나님께로 돌아오거나, 타락한 본성을 고치거나, 하나님께서 자신들을 새롭게 하시도록 내어드리려고 하지도 않으며 할 수도 없다.

4항: 불충분한 본성의 빛

물론 타락 후에도 사람에게는 본성의 빛이 어느 정도 남아 있다. 그래서 사람은 하나님과 세상 만물과 선과 악의 차이에 대해 약간의 지식을 갖고 있으며, 덕과 외적 선행에 어느 정도 열의도 지니고 있다. 그러나 사람은 이 본성의 빛으로는 구원에 관한 하나님의 지식을 알 수 없으며, 참되게 회심할 수도 없다. 게다가 사람은 지금까지도 자연계에 관련된 일들과 사회적인 일들에서조차도 이 본성의 빛을 올바르게 사용하지 않는다. 그보다도 이 본성의 빛의 특성이 정확히 어떤 것이든 여러 방법으로 이 빛을 왜곡하고 불의로 이 빛을 억누른다. 그렇게 함으로써 사람은 스스로 하나님 앞에서 핑계할 수 없게 된다.

5항: 율법의 불충분함

본성의 빛에 대한 이러한 사실은 하나님께서 모세를 통해 유대인들에게 특별히 주신 십계명에도 똑같이 적용된다. 왜냐하면 십계명 곧 율법은 비록 사람이 지은 죄의 무거움을 드러내고, 그 죄책을 더욱 깨닫게 하지만, 사람에게 구원의 은혜를 줄 수는 없기 때문이다. 율법은 사람을 비참의 상태에서 나오게 할 수도 없고 빠져나올 방법을 그에게 알려 줄 수도 없기 때문이다. 오히려 육신으로 말미암아 연약한 율법은 죄인을 저주 아래 남겨 둔다.

6항: 복음의 필요

그러므로 본성의 빛이나 율법이 할 수 없는 것을 하나님께서는 성령님의 능력으로 화목하게 하는 말씀 또는 화목하게 하는 직분을 통해 이루신다. 이것이 바로 메시야에 관한 복음인데 이 복음을 통해 하나님께서는 구약과 신약 아래에서 믿는 모든 사람을 구원하시는 일을 기뻐하셨다.

7항: 하나님께서 복음을 어떤 사람들에게는 주시고, 어떤 사람들에게는 주지 않으시는 이유

하나님께서는 복음을 통해 구원하시는 하나님의 뜻에 관한 비밀을 구약 아래에서는 단지 소수의 사람에게만 계시하셨다. 그러나 신약 아래에서는 민족 간의 차별 없이 많은 사람에게 이 비밀을 드러내셨다. 복음이 이러한 차이를 두고 전해진 이유는 어느 한 민족이 다른 민족보다 더 가치가 있어서라거나, 본성의 빛을 더 잘 사용해서가 아니다. 오직 하나님의 주권적이며 선하신 기쁨과 받을 자격 없는 사람에게 베푸시는 하나님의 사랑 때문이다. 그러므로 마땅히 받아야 할 모든 것 대신에 오히려 그토록 심히 큰 은혜를 하나님께 받은 사람들은 겸손하고 감사하는 마음으로 이 사실을 인정해야 한다. 또한 이 은혜를 받지 못한 사람들에게 나타내신 하나님의 엄격하고 공의로운 심판에 대해 꼬치꼬치 캐물으려 해서는 결코 안 되며 사도들과 함께 경배해야 한다.

8항: 복음을 통해 진지하게 부르심

그렇지만 복음을 통해 부르심 받는 사람들은 진지하게 부르심을 받는다. 하나님께서는 진지하고 지극히 진실하게 하나님께서 기뻐하시는 것을 자신의 말씀에서 알려주시기 때문이다. 따라서 부르심을 받은 사람들은 하나님께 나와야만 한다. 하나님께서는 하나님께 나아와 자신을 믿는 모든 사람에게 영혼의 안식과 영생 또한 진지하게 약속하시기 때문이다.

9항: 부르심을 받은 사람 중 어떤 사람들이 복음을 거절하는 이유

복음 사역을 통해 부르심을 받은 사람 중 어떤 사람들이 하나님께 나아와 회심하지 않는 것은 복음 탓도, 복음이 제시하는 그리스도의 탓도, 복음을 통해 사람들을 부르시고 그들에게 다양한 은사를 주시는 하나님의 탓도 아니다. 책임은 그들에게 있다. 어떤 사람들은 자신을 지나치게 믿고 생명의 말씀을 거부한다. 어떤 사람들은 생명의 말씀을 받되 마음에 새기지 않은 까닭에 일시적인 믿음에서 나오는 기쁨이 이내 사라지고 다시 원래의 상태로 돌아간다. 어떤 사람들은 세상이 주는 즐거움과 근심의 가시로 생명의 씨앗을 자라지 못하게 막아 아무 열매도 맺지 못하게 한다. 우리 구주께서는 씨 뿌리는 사람의 비유로 이 내용을 가르치신다(마 13장).

10항: 부르심을 받은 사람 중 어떤 사람들이 하나님께 나아와 회심하는 이유

복음 사역을 통해 부르심을 받은 사람 중 어떤 사람들은 하나님께 나아와 회심한다. 그러나 이를 사람의 공으로 돌려서는 안 된다. (교묘한 펠라기우스주의자들이 주장하는 것처럼) 자신들이 하나님께 나아와 회심하는 것을 자유롭게 선택했기 때문에, 믿고 회심할 수 있는 똑같은 또는 충분한 은혜를 받은 다른 사람들과 자신들은 다르다고 할 수 없다. 어떤 사람들이 하나님께 나아와 회심하는 일은 전적으로 하나님으로 말미암는다. 하나님께서는 하나님의 백성을 영원 전에 그리스도 안에서 선택하셔서, 이 세상에서 사는 동안 그들을 효과적으로 부르시고, 믿고 회개하게 하시며, 흑암의 권세에서 건져 내사 그의 사랑의 아들의 나라로 옮기신다. 이는 성경에서 사도들이 자주 증언하는 것처럼, 그들로 하여금 그들을 어두운 데서 불러내어 그의 기이한 빛에 들어가게 하신 이의 아름다운 덕을 선포하게 하고, 그들 자신을 자랑하지 않고 오직 주님만을 자랑하게 하시기 위해서다.

11항: 하나님께서 회심을 일으키시는 방법

더더군다나 하나님께서 택하신 자들 안에서 이 선하신 기쁨을 따라 행하실 때, 곧 그들 안에서 참된 회심이 일어나게 하실 때, 하나님께서는 복음이 그들에게 선포되도록 돌보시고, 성령님의 권능으로 그들의 지성을 밝게 하셔서 그들이 하나님의 성령께서 하시는 일들을 바르게 이해하고 분별하게 하신다. 이뿐만 아니라 하나님께서는 중생하게 하시는 동일한 성령님의 효과적인 일하심으로 사람의 가장 깊은 속까지 파고들어 가셔서, 닫힌 마음을 여시고, 굳은 마음을 부드럽게 하시며, 할례 받지 못한 마음에 할례를 행하신다. 또 그들의 의지에 새로운 자질들을 주셔서 죽은 의지를 살리시고, 악한 의지를 선한 의지로, 꺼리는 의지를 소원하는 의지로, 완악한 의지를 순한 의지로 바꾸신다. 하나님께서는 의지를 움직이시고 강하게 하셔서 좋은 나무가 그러하듯 선행의 열매를 맺을 수 있게 하신다.

12항: 초자연적인 중생

이것이 바로 성경에서 그토록 밝히 선포하는 중생이다. 새 창조요, 죽은 자들 가운데서 다시 살리심과 부활이다. 이를 하나님께서는 우리의 도움 없이 우리 안에서 이루신다. 중생은 결코 외적인 가르침이나 도덕적 설득만으로 일어나지 않는다. 또한 하나님께서 하셔야 할 일을 다 하신 후에, 사람이 중생할지 아닐지, 회심할지 아닐지가 사람의 능력에 달려 있는 방식으로 일어나는 것도 아니다. 도리어 중생은 전적으로 초자연적인 일이다. 동시에 가장 강력하고 지극히 기쁘고 심히 놀랍고 더없이 신비하며 이루 말로 다 할 수 없는 일이다. (이런 일을 행하시는 성령님에 의해 영감된) 성경에 따르면 중생의 능력은 적어도 창조나 죽은 자를 다시 살리는 부활에 못지않다. 고로 하나님께서 그 마음에 이토록 놀랍게 일하시는 모든 사람은 분명히, 적확히, 효과적으로 중생하고 실제로 믿는다. 이제 그렇게 새로워진 의지는 하나님으로 말미암아 움직이고 동기를 부여받을 뿐만 아니라 하나님께서 작용을 끼치셨기 때문에 그 자체가 활동적이다. 이런 이유로 사람이 그가 받은 은혜로 말미암아 믿고 회개한다는 말 또한 옳다.

13항: 완전히 이해할 수 없는 중생

신자들은 하나님께서 이 일을 어떻게 일어나게 하시는지를 이 세상에서는 완전히 이해할 수 없다. 그런데도 신자들은 하나님께서 주신 이 은혜 때문에 그들이 그들의 구주를 마음으로 믿고 사랑한다는 것을 알고 경험하기에 만족해한다.

14항: 하나님께서 믿음을 주시는 방법

그러므로 믿음은 하나님의 선물이다. 하나님께서 주시는 믿음을 단지 사람이 받을지 말지 결정할 수 있게 하시기 때문이 아니라, 하나님께서 믿음을 사람에게 실제로 주시고, 불어넣으시고, 주입하시기 때문이다. 다시 말하면, 하나님께서 사람에게 단지 믿을 가능성만을 주신 뒤, 사람이 스스로 믿기로 동의하거나, 어떤 믿는 행동을 하는 것을 기다리신다는 의미에서의 선물이 아니다. 오히려, 원할 뿐만 아니라 행동하게 하시며, 참으로 모든 사람 안에서 모든 일을 하시는 하나님께서 사람에게 믿으려는 의지와 믿음 그 자체를 주신다는 의미에서의 선물인 것이다.

15항: 받을 자격이 없는 사람들에게 베푸신 하나님의 은혜에 대한 합당한 태도

하나님께는 어느 누구에게도 이 은혜를 베푸실 의무가 없다. 주게 먼저 드려서 갚으심을 받을 것이 없는 사람에게 하나님께서 왜 은혜를 베푸셔야 하는가? 정말로, 죄와 거짓 외에는 하나님께 드릴 것이 아무것도 없는 사람에게 하나님께서 왜 은혜를 베푸셔야 하는가? 그러므로 이 은혜를 받는 사람은 오직 하나님께만 감사드려야 하며 영원히 감사드린다. 그렇지만 이 은혜를 받지 못한 사람은 이런 영적인 일들에 관심이 전혀 없으며, 그가 가지고 있는 것에 만족해하고, 실제로는 자신에게 없는 것을 가지고 있다고 생각하며 어리석게도 지나치게 자신을 믿고 헛되이 자랑한다. 더 나아가서, 자신들의 신앙을 밖으로 고백하고 그들의 삶을 갱생해 나가는 사람들에 대해 우리는 사도들의 본을 따라 가장 호의적으로 판단하고 말해야 한다. 우리는 마음속 가장 깊은 곳에 무엇이 있으며, 그곳에서 무슨 일이 일어나는지 알지 못하기 때문이다. 그리고 우리는 아직 부르심을 받지 못한 사람들을 위해 없는 것을 있게 부르시는 하나님께 기도해야 한다. 그러나 우리가 그들과는 질적으로 다른 것처럼 그들보다 우리를 더 낫게 여기며 거만하게 굴어서는 안 된다.

16항: 사람의 의지를 올바로 되살아나게 하는 중생

그런데 타락했다고 해서 지성과 의지가 사람에게서 상실된 것은 아니며, 죄가 온 인류에게 퍼졌다고 해서 사람의 본성이 파괴된 것은 아니다. 다만 죄는 사람을 부패시키고 영적으로 죽였다. 마찬가지로 중생하게 하는 하나님의 은혜도 사람을 아무런 생명력이 없는 돌이나 나무처럼 대하지 않고, 사람의 의지와 의지의 속성들을 파괴하거나 꺼리는 의지를 힘으로 강압하지 않는다. 오히려 중생하게 하는 하나님의 은혜는 사람의 의지를 영적으로 소생하게 하고, 치료하며, 교정하고, 기쁨으로 복종하게 하며 동시에 힘을 다해 복종하게 한다. 그 결과 이전에 육신의 반역과 저항이 완전히 지배하던 곳을 이제는 성령님으로 말미암아 마음에서 우러나온 진심 어린 순종이 우세하기 시작한다. 바로 여기에 우리 의지의 참되고 영적인 회복과 자유가 있다. 그러므로 모든 선을 만드신 경이로우신 하나님께서 우리를 이렇게 다루시지 않는다면, 죄가 그 안에 없을 때도 자유의지로 자신을 파멸 가운데 거꾸러뜨린 사람에게는 자신의 자유의지로는 타락에서 일어설 아무런 소망도 없다.

17항: 하나님께서 은혜의 수단을 사용하심

우리를 태어나게 하시고 우리 생명을 유지하시는 하나님의 전능하신 일하심은 수단을 배제하지 않고 오히려 수단을 반드시 사용한다. 하나님께서는 자신의 무한한 지혜와 선하심을 따라 그 수단들을 사용하셔서 자신의 권능을 행하기를 원하신다. 이처럼 앞에서 말한 우리를 중생하게 하시는 하나님의 초자연적인 일하심은 복음의 사용을 배제하거나 무효로 하지 않는다. 하나님께서 자신의 크신 지혜로 복음을 중생의 씨와 우리 영혼의 양식으로 정하셨기 때문이다. 이런 이유로 사도들과 사도들을 이어 가르치는 교사들은 하나님께서 베푸시는 이 은혜에 관해 사람들이 하나님께 영광을 돌리고 그들의 모든 교만을 낮추도록 경건하게 가르쳤다. 그러나 그러면서도 사도들과 교사들은 복음의 거룩한 권고를 따라 말씀과 성례와 권징의 시행 아래서 사람들을 지키는 일에 게으르지 않았다. 그러므로 오늘날에도 교회에서 가르치는 사람이나 가르침을 받는 사람 모두 하나님께서 자신의 선하신 기쁨 안에서 함께 밀접하게 결합하기 원하신 것을 나눔으로써 감히 주제넘게 하나님을 시험해서는 안 된다. 은혜는 권고를 통해 주어지며, 우리가 우리의 의무를 더욱 기쁘고 즐겁게 행할수록 우리 안에서 일하시는 하나님의 은혜의 혜택이 더욱 빛나고, 하나님의 일하심도 더욱더 진전되기 때문이다. 우리에게 은혜의 수단을 주시고, 그 수단을 통해 구원하는 열매와 효과도 주시는 하나님 홀로 영원히 모든 영광을 받으시옵소서. 아멘.

지금까지 사람의 부패, 그리고 사람이 하나님께 회심하는 과정에 관한 참된 교리를 밝히 드러냈으므로, 총회는 다음의 오류들을 거부한다.

오류 1

항론파의 주장: 정확히 말하면, 원죄 그 자체는 온 인류를 정죄하거나, 온 인류가 일시적인 형벌과 영원한 형벌을 마땅히 받게 만드는 데 충분하지 않다.

성경에 따른 반론: 항론파의 이 주장은 다음과 같은 사도의 가르침과 모순된다. "그러므로 한 사람으로 말미암아 죄가 세상에 들어오고 죄로 말미암아 사망이 들어왔나니 이와 같이 모든 사람이 죄를 지었으므로 사망이 모든 사람에게 이르렀느니

라"(롬 5:12). 그리고 "심판은 한 사람으로 말미암아 정죄에 이르렀으나 "(롬 5:16). 또한, "죄의 삯은 사망이요"(롬 6:23).

오류 2

항론파의 주장: 선함, 거룩함, 의로움과 같은 영적 은사들 또는 선한 자질들과 덕들은 사람이 처음 지음 받을 때 사람의 의지 안에 있지 않았다. 따라서 사람이 타락했을 때 이런 것들이 사람의 의지에서 분리되었을 리도 없다.

성경에 따른 반론: 항론파의 이 주장은 사도가 에베소서 4장 24절에서 선포한 하나님의 형상에 관한 묘사와 충돌한다. 사도는 하나님의 형상은 의와 거룩함으로 지으심을 받았다고 말하는데 이는 분명히 의지에 속하는 것이다.

오류 3

항론파의 주장: 영적 은사들은 사람이 영적으로 죽었을 때 사람의 의지에서 분리되지 않았다. 의지 그 자체는 결코 부패할 수 없기 때문이다. 의지는 다만 어두운 지성과 무절제한 정서에 방해받을 뿐이다. 그래서 사람의 의지는 이러한 방해 요

소들이 제거되면 선천적으로 자유로운 능력을 마음껏 발휘할 수 있을 것이다. 다시 말하면, 의지는 그 앞에 놓인 그 어떤 선도 원하거나 선택할 수 있고, 또는 원하지 않거나 선택하지 않을 수 있다.

성경에 따른 반론: 이 주장은 이상한 생각이며 오류요, 자유의지의 능력을 치켜세우는 결과를 가져온다. 곧 선지자 예레미야가 선포한 다음의 말씀과 반대된다. "만물보다 거짓되고 심히 부패한 것은 마음이라"(렘 17:9). 또한 사도의 증언과도 반대된다. "전에는 우리도 다 그(불순종의 아들들) 가운데서 우리 육체의 욕심을 따라 지내며 육체와 마음의 원하는 것을 하여"(엡 2:3).

오류 4

항론파의 주장: 중생하지 않은 사람은 자기의 죄 때문에 확실히 또는 전적으로 죽은 것이 아니며, 영적 선을 행할 능력을 모두 박탈당하지는 않았다. 그는 의와 생명에 주리고 목말라할 수 있으며, 하나님께서 기뻐하시는 상하고 통회하는 상한 심령의 제사를 하나님께 드릴 수 있다.

성경에 따른 반론: 항론파가 주장하는 이런 견해들은 성경의 명백한 증언을 거스른다. "허물과 죄

로 죽었던 너희"(엡 2:1), "허물로 죽은 우리"(엡 2:5), "사람의 죄악이 세상에 가득함과 그의 마음으로 생각하는 모든 계획이 항상 악할 뿐임을 보시고"(창 6:5), "사람의 마음이 계획하는 바가 어려서부터 악함이라"(창 8:21). 더욱이 비참에서 건짐 받아 생명에 주리고 목말라 하며, 하나님께 상한 심령의 제사를 드리는 것은 오직 중생하고, 복 있는 사람이라고 불리는 사람들만의 특징이다(시 51:17; 마 5:6).

오류 5

항론파의 주장: 부패한 자연인도 일반 은혜(항론파 곧, 아르미니우스주의자들이 본성의 빛이라 부르는) 또는 타락 후에도 남아 있는 은사들을 잘 사용할 수 있으며, 그렇게 함으로써 점점, 더 큰 은혜, 곧 복음적 은혜 또는 구원하는 은혜와 구원 그 자체를 얻을 수 있다. 그리고 이런 방법으로 하나님께서는 자신의 편에서 모든 사람에게 그리스도를 친히 계시하실 준비를 나타내 보이신다. 하나님께서는 모든 사람이 그리스도를 알고, 그들이 그리스도를 믿고 회개하는 데 필요한 수단들을 충분히 또 효과적으로 베푸시기 때문이다.

성경에 따른 반론: 모든 시대의 경험뿐 아니라 무엇보다 성경이 이러한 주장이 거짓임을 증언한다. "그가 그의 말씀을 야곱에게 보이시며 그의 율례와 규례를 이스라엘에게 보이시는도다 그는 어느 민족에게도 이와 같이 행하지 아니하셨나니 그들은 그의 법도를 알지 못하였도다 할렐루야"(시 147:19-20), "하나님이 지나간 세대에는 모든 민족으로 자기들의 길들을 가게 방임하셨으나"(행 14:16), "성령이 아시아에서 말씀을 전하지 못하게 하시거늘 그들이 브루기아와 갈라디아 땅으로 다녀가 무시아 앞에 이르러 비두니아로 가고자 애쓰되 예수의 영이 허락하지 아니하시는지라"(행 16:6-7).

오류 6

항론파의 주장: 하나님께서는 사람이 참되게 회심할 때 그의 의지에 새로운 자질이나 성향, 또는 은사들을 주입하시거나 부어주실 수 없다. 참으로 우리를 처음 회심에 이르게 하고, 우리를 "믿는 자"라고 불리게 하는 그 믿음은 하나님께서 주입해주시는 자질이나 은사가 아니라 단지 사람의 행위다. 믿음을 얻는 능력에 관한 것이 아닌 한 믿음

은 결코 은사로 불릴 수 없다.

성경에 따른 반론: 항론파의 이 주장은 성경과 모순된다. 성경은 하나님께서 우리 마음 안에 믿음, 순종, 하나님의 사랑을 경험하는 것과 같은 새로운 자질들을 부어주신다고 선포한다. "내가 나의 법을 그들의 속에 두며 그들의 마음에 기록하여"(렘 31:33), "나는 목마른 자에게 물을 주며 마른 땅에 시내가 흐르게 하며 나의 영을 네 자손에게, 나의 복을 네 후손에게 부어 주리니"(사 44:3), "우리에게 주신 성령으로 말미암아 하나님의 사랑이 우리 마음에 부은 바 됨이니"(롬 5:5). 또한 이 주장은 교회가 선지자들과 함께 지금까지 함께 기도해 온 것과도 충돌한다. "나를 이끌어 돌이키소서 그리하시면 내가 돌아오겠나이다"(렘 31:18).

오류 7

항론파의 주장: 우리가 하나님께 회심하도록 하는 은혜는 단지 부드러운 설득이다. (다른 사람들이 설명한 것처럼) 하나님께서 설득을 통해 사람이 회심하도록 하시는 것이 가장 고귀한 방법이며 사람의 본성에 가장 적합한 방법이다. 더군다나 도덕적으로 설득하는 이 은혜만으로도 타락한 상태

의 사람을 영적인 사람으로 만드는 데 충분하다. 참으로 하나님께서는 이런 도덕적 설득이 아니고서는 사람의 의지가 동의하도록 하시지 않는다. 하나님께서는 영원한 혜택을 약속하시지만, 사탄은 일시적인 것들을 약속한다는 점에서 하나님의 일하심의 효과는 사탄의 일을 압도한다.

성경에 따른 반론: 이 주장은 전적으로 펠라기우스주의이며 성경 전체와 모순된다. 성경은 이러한 설득 외에도 그 이상의 다른 것, 곧 사람을 회심시키시는 성령 하나님의 훨씬 더 효과적이고 신적인 방법을 승인한다. "또 새 영을 너희 속에 두고 새 마음을 너희에게 주되 너희 육신에서 굳은 마음을 제거하고 부드러운 마음을 줄 것이며"(겔 36:26).

오류 8

항론파의 주장: 하나님께서는 사람을 중생하게 하실 때 자신의 전능하신 권능으로 사람의 의지를 강력하고 확실하게 꺾으셔서 믿고 회개하게 하시지 않는다. 하나님께서 사람을 회심하게 하실 때 사용하시는 모든 은혜의 일을 다 행하셨을지라도 사람은 하나님께 저항할 수 있고 실제로 종종 저항한다. 그래서 하나님과 성령님께서 그에게 중생을

일으키시고자 의도하시고 뜻하신다 할지라도 사람은 중생이 결코 일어나지 못하게 한다. 따라서 중생할지 그렇지 않을지는 참으로 사람의 능력에 달려 있다.

성경에 따른 반론: 항론파의 이 같은 주장은 우리를 회심하게 하시는 하나님의 은혜가 가져오는 모든 효과적인 기능을 부인하는 것이며, 전능하신 하나님의 행위를 사람의 의지 아래 종속시키는 것이다. 또한 사도들의 증언과도 모순된다. 사도들은 하나님께서 강력한 힘으로 일하심으로써 우리가 믿는다고 가르치고(엡 1:19), 인자하신 하나님께서 우리에게는 분에 넘치는 선한 뜻과 믿음의 일을 우리 안에서 이루신다고 가르치며(살후 1:11), 마찬가지로 하나님의 거룩한 능력으로 우리가 생명과 경건에 속한 모든 것을 받았다고 가르친다(벧후 1:3).

오류 9

항론파의 주장: 은혜와 자유의지는 협력하여 회심을 시작하게 하는 회심의 부분적인 원인인데, 회심이 일어나게 하는 순서에서 은혜는 의지의 효과적인 영향보다 앞서지 않는다. 다시 말하면, 사람의 의지가 움직여서 회심하기로 결단하기 전까지는 하나님께서 사람이 회심하도록 그의 의지를 효과적으로 돕지 않으신다.

성경에 따른 반론: 초대교회는 이미 오래전 이러한 펠라기우스주의자들의 가르침을 사도의 증언에 기초해 정죄했다. "그런즉 원하는 자로 말미암음도 아니요 달음박질하는 자로 말미암음도 아니요 오직 긍휼히 여기시는 하나님으로 말미암음이니라"(롬 9:16), "누가 너를 남달리 구별하였느냐 네게 있는 것 중에 받지 아니한 것이 무엇이냐"(고전 4:7), "너희 안에서 행하시는 이는 하나님이시니 자기의 기쁘신 뜻을 위하여 너희에게 소원을 두고 행하게 하시나니"(빌 2:13).

더 깊은 공부와 나눔을 위한 질문

시작하며

1. "셋째 · 넷째 교리: 사람의 부패, 하나님께로의 회심과 그 회심이 일어나는 과정"을 단걸음에 읽어봅시다.

셋째 교리: 사람의 부패(1-6항)

1-6항

1. 타락으로 말미암아 사람은 어떤 상태에 처하게 됐습니까? (웨스트민스터 신앙고백 6장과 웨스트민스터 대교리문답 20-29문답을 읽어봅시다.)

2. 원죄와 본죄(자범죄)를 설명해 봅시다. (웨스트민스터 대교리문답 25-26문답을 보십시오.)

3. 왜 모든 사람에게 복음이 선포되어야 합니까? (웨스트민스터 대교리문답 35, 59-60, 154-156, 160문답을 보십시오.)

넷째 교리: 하나님께로의 회심과 그 회심이 일어나는 과정(7-17항)

7항
1. 구원하시는 은혜에 관한 이 교리를 살필 때 우리가 주의해야 할 점은 무엇입니까? (웨스트민스터 대교리문답 105, 113문답을 읽어봅시다.)

8-17항
1. 중생을 다른 사람에게 설명해 봅시다. 또 구원의 과정을 정리해 봅시다. 하나님께서 행하시는 이 은혜의 일들을 깊이 묵상합니다. (웨스트민스터 신앙고백 10-12, 14-15장과 웨스트민스터 대교리문답 57-60, 66-74, 76, 154-177문답을 읽어봅시다.)

15항
1. "받을 자격이 없는 사람들에게 베푸신 하나님의 은혜"를 생각하고 이에 대한 우리의 합당한 태도는 무엇인지를 글로 정리해 봅시다. 감사기도하며 찬양합시다.

마치며

1. 타락과 구원하시는 은혜에 관한 이 교리들을 부정할 때 생기는 오류와 어려움은 무엇입니까? 그런 오류와 어려움들이 왜 하나님을 욕되게 하고 우리에게 절망을 줍니까?

2. 이 교리가 하나님을 어떻게 영화롭게 합니까?

3. 이 교리가 우리에게 주는 위로는 무엇입니까?

"셋째 · 넷째 교리: 사람의 부패, 하나님께로의 회심과 그 회심이 일어나는 과정"을 읽으면서 하나님께서 깨닫게 해 주신 것과 베풀어 주신 은혜를 생각하며 감사합시다. 또 깨달아 배우고 확신한 일에 거할 수 있게 해 달라고 기도합시다.

다섯째 교리
성도의 견인

1항: 중생한 사람도 그들 안에 남아 있는 죄에서 완전히 해방되지 않음
2항: 연약하여 날마다 죄를 짓지만, 온전함을 푯대 삼는 성도들
3항: 하나님께서 성도들을 지켜주심
4항: 참 신자들도 심각한 죄에 빠질 수 있음
5항: 그런 심각한 죄들의 결과
6항: 하나님께서 택하신 자들을 잃어버린 바 되게 내버려 두지 않으심
7항: 하나님께서 택하신 자들을 새롭게 하심으로 회개하게 하심
8항: 택하신 자들을 지키시는 삼위일체 하나님의 은혜는 확실하고 변하지 않음
9항: 견인의 확신
10항: 이 확신의 근거
11항: 견인의 확신을 항상 누리지는 못함
12항: 경건을 장려하는 확신
13항: 이 확신은 신자들을 게으르게 하지 않음
14항: 하나님께서 사용하시는 견인의 수단
15항: 사탄은 증오하고 교회는 사랑하는 견인 교리

1항: 중생한 사람도 그들 안에 남아 있는 죄에서 완전히 해방되지 않음

하나님의 목적에 따라 자신의 아들 예수 그리스도와의 교제 가운데로 부르시고 성령님으로 말미암아 중생하게 하신 사람들을 하나님께서는 죄의 지배와 죄의 종노릇에서도 해방하신다. 하지만 그들을 이 세상에서는 육신과 죄의 몸에서 완전히 해방되게 하시지는 않는다.

2항: 연약하여 날마다 죄를 짓지만, 온전함을 푯대 삼는 성도들

그러므로 성도들은 연약하여 날마다 죄를 짓고, 심지어 그들의 최선의 행위에도 흠이 있다. 이런 이유들은 성도들이 하나님 앞에서 그들 자신을 매일 겸손하게 낮추고, 십자가에 못 박히신 그리스도께로 피하며, 탄식으로 우리를 위해 간구하시는 성령님으로 말미암아 또 경건을 거룩하게 행함으로써 육신을 점점 더 죽이고, 마침내 이 사망의 몸에서 완전히 해방되어 천국에서 하나님의 어린 양과 함께 왕 노릇 할 때까지 온전함을 푯대 삼아 힘껏 달려가게 한다.

3항: 하나님께서 성도들을 지켜주심

성도들 안에 남아 있는 죄의 잔여들과 세상과 사탄의 유혹 때문에 회심한 사람들이라고 해서 그들 자신의 힘으로 이 은혜 가운데 계속해서 굳게 서 있을 수는 없다. 그러나 하나님께서는 미쁘신 분이시다. 자비롭게도 그들이 한 번 받은 은혜 가운데 있도록 그들을 굳세게 하시고, 그들을 그 은혜 안에서 끝까지 권능으로 지켜주신다.

4항: 참 신자들도 심각한 죄에 빠질 수 있음

참 신자들을 은혜 안에서 굳세게 하고 지키시는 하나님의 권능은 육신의 힘보다 훨씬 우세하다. 그러나 회심한 사람들이 항상 하나님께 감동되고 인도받는 것은 아니다. 몇몇 특정한 상황 가운데서는 그들 자신의 잘못으로 하나님께서 은혜로 인도하시는 길 위에서 벗어나 육신의 정욕에 이끌리고, 굴복할 수도 있다. 그러므로 참 신자들은 시험에 들지 않도록 항상 깨어 기도해야 한다. 그렇지 않으면 그들은 육신과 세상과 사탄에 이끌려 죄를, 심지어 심각하고 너무도 끔찍한 죄를 저지를 수 있다. 또한 하나님의 공의로우신 허용으로 말미암아 참 신자들은 때때로 시험에 든다. 성경에 기록된 다윗, 베드로, 또 다른 여러 성도가 죄에 빠진 슬픈 사건들이 이 사실을 증언한다.

5항: 그런 심각한 죄들의 결과
더군다나 참 신자들이 그런 극악무도한 죄를 짓는 것은 하나님을 크게 노하시게 하고, 죽음의 형벌을 받아 마땅한 것이며, 성령님을 근심하시게 하고, 믿음으로 행하지 못하게 막고, 양심에 치명적인 상처를 입히며, 때로 일시적으로 하나님의 은혜를 깨닫지 못하게 한다. 이런 일들은 그들이 진실하게 회개하여 의의 길로 돌아와 하나님께서 자애로운 당신의 얼굴을 그들에게 다시 비춰주실 때까지 계속된다.

6항: 하나님께서 택하신 자들을 잃어버린 바 되게 내버려 두지 않으심
자비가 풍성하신 하나님께서는 자신의 불변하는 선택의 작정에 따라, 심지어 그들이 통탄할 만한 죄를 지었을 때도 그들에게서 하나님의 성령을 완전히 거두지 않으신다. 또한 그들이 은혜로 양자 된 것과 의롭다 하심 받은 은혜를 박탈당하거나, 사망에 이르게 하는 죄 또는 성령을 모독하는 죄를 짓거나, 하나님께 완전히 버림받거나, 그들 자신을 영원한 멸망 가운데 스스로 던져 넣을 정도로 타락하도록 내버려 두지 않으신다.

7항: 하나님께서 택하신 자들을 새롭게 하심으로 회개하게 하심

왜냐하면, 먼저, 하나님께서는 성도들이 타락했을 때도 성도들을 중생하게 한 자신의 썩지 아니할 씨가 소멸하거나 제거되지 않도록 성도들 안에 보존하시기 때문이다. 두 번째로, 하나님께서는 자신의 말씀과 성령으로 확실히 그리고 효과적으로 그들을 새롭게 하심으로 그들이 회개하게 하셔서 그들이 지은 죄들을 진심 어린 마음으로 경건하게 슬퍼하게 하시기 때문이다. 또한 믿음과 상한 심령으로 중보자의 피 안에서 죄 용서를 구하고 받게 하시며, 화목하게 하신 하나님의 은혜를 다시 누리게 하시고, 믿음으로 하나님의 자비를 찬송하게 하시며, 그때부터 더욱 두렵고 떨림으로 그들의 구원을 이루어 가게 하시기 때문이다.

8항: 택하신 자들을 지키시는 삼위일체 하나님의 은혜는 확실하고 변하지 않음

따라서 성도들이 믿음과 은혜를 완전히 박탈당하지 않고, 파멸 속에 끝까지 남아 잃어버린 바 되지 않는 것은 그들 자신의 공로나 능력 때문이 아니요 오직 받을 자격 없는 자에게 베푸시는 하나님의 자비 때문이다. 성도들 자신을 생각하면 믿음과 은혜를 완전히 박탈당하고 파멸 속에 끝까지 남아 잃어버린 바 되는 일이 쉽게 일어날 수 있고 확실히 일어나겠지만, 하나님을 생각하면 그런 일은 결코 일어날 수가 없다. 하나님께서는 자신이 계획하신 것을 바꾸지 않으시며, 자신이 약속하신 것을 반드시 지키시며, 자신의 뜻에 따라 부르신 것을 취소하시지 않기 때문이다. 또 그리스도의 공로와 성도를 위해 하나님께 간구하심과 성도를 지키심이 파기될 수 없으며, 성령님의 인 치심이 무효가 되거나 소멸할 수 없기 때문이다.

9항: 견인의 확신

신자들은 하나님께서 택하신 자들이 구원에 이르도록 그들을 지키시고 믿음 안에서 참 신자들로 견인하게 하심을 확신할 수 있고, 자신들의 믿음의 분량을 따라 실제로 확신하게 된다. 이 믿음으로 그들은 자신들이 교회의 참되고 살아 있는 지체로 항상 남아 있을 것과 자신들이 죄 용서와 영생을 받았음을 굳게 믿는다.

10항: 이 확신의 근거

이 확신은 말씀에서 벗어나거나 무관한 어떤 사적인 계시에서 나오지 않는다. 이 확신은 우리를 위로하시기 위해 자신의 말씀에서 매우 풍성하게 계시하신 하나님의 약속을 믿는 믿음에서 일어난다. 또한 성령님께서 친히 우리의 영과 더불어 우리가 하나님의 자녀요 상속자인 것을 증언하시는 데서 온다(롬 8:16-17). 마지막으로 이 확신은 선한 양심과 선한 일을 진지하고 거룩한 마음으로 추구하는 데서 생겨난다. 만약 하나님께서 택하신 자들이 자신들이 승리할 것이라는 이 확고한 위로와 영원한 영광에 대한 확실한 보증을 이 세상에서 가지지 못한다면 그들은 모든 사람 중에 가장 불쌍한 사람이 될 것이다.

11항: 견인의 확신을 항상 누리지는 못함

한편, 성경은 신자들이 이 세상에서 인간적인 온갖 의심과 싸워야 하며, 그들이 힘겨운 유혹을 받을 때는 그들의 믿음에 관한 충분한 확신과 견인의 확실성을 항상 누리지는 못한다고 증언한다. 그러나 모든 위로의 아버지이신 하나님께서는 성도들이 감당하지 못할 시험 당함을 허락하지 아니하시고 시험당할 즈음에 또한 피할 길을 내사 그들로 능히 감당하게 하신다(고전 10:13). 그리고 성령님께서는 그들 안에 견인의 확신을 회복해 주신다.

12항: 경건을 장려하는 확신

그런데 견인을 확신하는 것은 참 신자를 교만하게 하거나 육적인 자기 과신에 빠지도록 만들지 않는다. 오히려 견인을 확신하는 것은 겸손, 자녀로서 하나님께 갖는 경외, 진실한 경건, 모든 다툼 중에서의 인내, 뜨거운 기도, 고난 가운데서도 진리를 고백함, 하나님 안에서 견고히 누리는 기쁨의 참 근원이 된다. 성경의 증거와 성도들의 예가 증언하는 것처럼, 견인하게 하시는 하나님의 은혜를 묵상하는 것은 성도들로 하여금 진지하게, 그리고 계속해서 하나님께 감사하게 하며 선한 일을 하도록 장려한다.

13항: 이 확신은 신자들을 게으르게 하지 않음
견인을 새롭게 확신하는 것은 넘어졌다 다시 일으킴 받은 사람들을 부도덕하게 하거나 경건에 무관심하도록 만들지 않는다. 오히려 그들이 더욱 마음을 기울여 주님께서 미리 준비하신 주의 도를 주의 깊게 지키게 한다. 그리고 그들은 자신들의 견인을 계속 확신할 수 있도록 주의 도를 따른다. 또한 그들은 하나님의 자애로운 선하심을 오용함으로써 하나님께서 그분의 은혜로우신 얼굴(경건한 사람에게는 하나님의 얼굴을 바라보는 것이 생명보다 더 달콤하며, 하나님께서 자신의 얼굴을 가리시는 것이 죽음보다 더 쓰다)을 자신들에게서 돌리시고, 그 결과 자신들이 더 큰 영혼의 아픔을 겪지 않도록 한다.

14항: 하나님께서 사용하시는 견인의 수단

하나님께서 복음 선포를 통해 우리 안에서 이 은혜의 일 시작하기를 기뻐하셨던 것처럼, 하나님께서는 또한 복음을 듣고 읽는 것, 복음을 묵상하는 것, 복음으로 권고하는 것, 경고, 약속, 그리고 성례의 시행으로 이 은혜의 일을 지키시고 계속하시며 완성하신다.

15항: 사탄은 증오하고 교회는 사랑하는 견인 교리

하나님께서는 자신의 이름을 영화롭게 하시고 경건한 자들을 위로하시기 위해 참 신자와 성도의 견인, 견인에 대한 확신 교리를 자신의 말씀 안에 매우 풍성하게 계시하셨으며, 신자들의 마음에 새겨 주신다. 이 교리를 육신에 속한 자는 이해하지 못하고, 사탄은 증오하며, 세상은 조롱하고, 무지한 자들과 위선자들은 악용하며, 오류의 영은 공격한다. 반면에 그리스도의 신부는 이 교리를 값을 매길 수 없는 보물로 언제나 소중히 사랑하고 굳세게 옹호해왔다. 그리고 자신을 대적하는 자들이 세운 어떠한 계획도 가치 없게 하시고, 그들의 어떤 힘도 무력하게 만드시는 하나님께서는 그리스도의 신부가 계속해서 그렇게 행하도록 하실 것이다. 이 홀로 하나이신 하나님, 곧 성부, 성자, 성령께 존귀와 영광이 영원무궁하도록 있을지어다. 아멘.

지금까지 성도의 견인에 관한 참된 교리를 밝히 드러냈으므로, 총회는 다음의 오류들을 거부한다.

오류 1

항론파의 주장: 참 신자들의 견인은 선택의 결과가 아니며 그리스도의 죽으심으로 얻은 하나님의 선물도 아니다. 견인은 이른바 하나님의 "확정적인" 선택과 의롭다 하심 이전에 사람이 자신의 자유의지로 성취해야만 하는 새 언약의 조건이다.

성경에 따른 반론: 성경은 참 신자의 견인이 선택을 따라 나오며, 그리스도의 죽으심과 부활하심과 간구하심의 공로로 택함 받은 자들에게 주어진다고 증언한다. "오직 택하심을 입은 자가 얻었고 그 남은 자들은 우둔하여졌느니라"(롬 11:7). 그리고 "자기 아들을 아끼지 아니하시고 우리 모든 사람을 위하여 내주신 이가 어찌 그 아들과 함께 모든

것을 우리에게 주시지 아니하겠느냐 누가 능히 하나님께서 택하신 자들을 고발하리요 의롭다 하신 이는 하나님이시니 누가 정죄하리요 죽으실 뿐 아니라 다시 살아나신 이는 그리스도 예수시니 그는 하나님 우편에 계신 자요 우리를 위하여 간구하시는 자시니라 누가 우리를 그리스도의 사랑에서 끊으리요"(롬 8:32-35).

오류 2

항론파의 주장: 하나님께서는 신자가 인내할 수 있도록 충분한 힘을 주시고, 만약 신자가 자신의 의무를 다한다면 신자에게 이 힘을 계속해서 주실 것이다. 그러나 믿음 안에서 인내하는 데 필요한 모든 것과 하나님께서 믿음을 지켜주시기 위해 사용하시는 모든 것이 다 갖추어졌더라도, 여전히 신자가 인내할지 안 할지는 항상 그의 의지에 달려 있다.

성경에 따른 반론: 항론파의 이 주장은 명백하게 펠라기우스주의자들의 견해다. 이 견해는 사람들을 자유롭게 하려 하지만 실제로는 사람들이 하나님의 영광을 가로채도록 만든다. 이 견해는 복음의 일관된 가르침, 곧 사람이 자랑할 모든 근거를

그에게서 없애고 이 혜택에 관한 모든 찬송을 오직 하나님의 은혜에만 돌리는 가르침에 반대된다. 또한 이 견해는 사도의 증언과도 충돌한다. "주께서 너희를 우리 주 예수 그리스도의 날에 책망할 것이 없는 자로 끝까지 견고하게 하시리라"(고전 1:8).

오류 3

항론파의 주장: 참으로 중생한 신자들도 의롭다 하심을 받는 믿음만이 아니라 구원과 은혜를 완전히 그리고 확실히 잃을 수 있으며, 실제로 종종 이 모든 것을 다 잃고 영원히 멸망한다.

성경에 따른 반론: 항론파의 이 의견은 의롭다 하시고, 중생하게 하시고, 그리스도께서 끝까지 지켜주시는 은혜를 무효로 만들며, 사도 바울의 명백한 가르침과 모순된다. "우리가 아직 죄인 되었을 때에 그리스도께서 우리를 위하여 죽으심으로 하나님께서 우리에 대한 자기의 사랑을 확증하셨느니라 그러면 이제 우리가 그의 피로 말미암아 의롭다 하심을 받았으니 더욱 그로 말미암아 진노하심에서 구원을 받을 것이니"(롬 5:8-9). 또한 사도 요한의 증언과도 충돌한다. "하나님께로부터 난 자마다 죄를 짓지 아니하나니 이는 하나님의 씨가

그의 속에 거함이요 그도 범죄하지 못하는 것은 하나님께로부터 났음이라"(요일 3:9). 그리고 예수 그리스도의 가르침과도 반대된다. "내가 그들에게 영생을 주노니 영원히 멸망하지 아니할 것이요 또 그들을 내 손에서 빼앗을 자가 없느니라 그들을 주신 내 아버지는 만물보다 크시매 아무도 아버지 손에서 빼앗을 수 없느니라"(요 10:28-29).

오류 4

항론파의 주장: 참으로 중생한 신자들도 사망에 이르는 죄나 성령을 모독하는 죄를 지을 수 있다.

성경에 따른 반론: 사도 요한은 요한일서 5장 16-17절에서 사망에 이르는 죄를 지은 사람들을 언급한 후 그들을 위해서 기도하지 말라고 가르친 후 곧바로 다음과 같이 덧붙인다. "하나님께로부터 난 자는 다 범죄하지 아니하는 줄을 우리가 아노라 하나님께로부터 나신 자가 그를 지키시매 악한 자가 그를 만지지도 못하느니라"(요일 5:18).

오류 5

항론파의 주장: 특별한 계시가 없이는 이 세상에서 아무도 앞으로의 인내를 확신할 수 없다.

성경에 따른 반론: 저들의 이 가르침은 이 세상에서 참 신자들이 누리는 견고한 위로를 빼앗고 로마가톨릭교도의 의심을 교회 안으로 다시 들여온다. 그러나 성경은 신자의 확신은 어떤 특별하고 비상한 계시에서 오는 것이 아니라, 하나님의 자녀들만이 지니는 특유의 표지와 하나님의 변함없는 약속에서 나온다고 가르친다. 따라서 사도 바울은 특별히 이렇게 선포했다. "높음이나 깊음이나 다른 어떤 피조물이라도 우리를 우리 주 그리스도 예수 안에 있는 하나님의 사랑에서 끊을 수 없으리라"(롬 8:39). 사도 요한도 증언한다. "그의 계명을 지키는 자는 주 안에 거하고 주는 그의 안에 거하시나니 우리에게 주신 성령으로 말미암아 그가 우리 안에 거하시는 줄을 우리가 아느니라"(요일 3:24).

오류 6

항론파의 주장: 성도의 견인과 구원의 확신에 관한 교리는 바로 그 본성과 특성 때문에 육신의 마취제와 같으며, 경건과 미덕과 기도와 다른 거룩한 행함에 해롭다. 오히려 이와 반대로 성도의 견인과 구원의 확신을 의심하는 것이 잘하는 것이다.

성경에 따른 반론: 이 주장은 하나님의 은혜의 효과적인 활동과 우리 안에 거하시는 성령님의 일하심을 그들이 전혀 알지 못한다는 것을 보여준다. 그들이 이렇게 주장하는 것은 다음과 같은 사도 요한의 가르침을 부정한다. "사랑하는 자들아 우리가 지금은 하나님의 자녀라 장래에 어떻게 될지는 아직 나타나지 아니하였으나 그가 나타나시면 우리가 그와 같을 줄을 아는 것은 그의 참모습 그대로 볼 것이기 때문이니 주를 향하여 이 소망을 가진 자마다 그의 깨끗하심과 같이 자기를 깨끗하게 하느니라"(요일 3:2-3). 게다가 그들의 주장은 자신들의 견인과 구원을 확신했음에도 기도와 다른 경건한 일들을 꾸준히 행한, 구약과 신약 모두에서 나타나는 성도들의 예로도 반박된다.

오류 7

항론파의 주장: 단지 한때 믿는 사람들의 믿음과 의롭다 하심을 받고 구원받는 믿음은 다르지 않다. 다만 믿음이 지속되는 기간만 차이가 있을 뿐이다.

성경에 따른 반론: 그리스도께서는 친히 마태복음 13장 20절과 누가복음 8장 13절, 그리고 다른 여러

곳에서, 한때 믿는 자들과 참 신자들은 세 가지 면에서 다르다고 분명히 가르치신다. 그리스도께서는 한때 믿는 자들은 씨를 돌밭에 받지만 참 신자들은 씨를 좋은 땅에 받고, 한때 믿는 자들은 뿌리가 없지만 참 신자들은 뿌리를 견고히 내리며, 한때 믿는 자들은 열매가 없으나 참 신자들은 꾸준함과 인내를 가지고 다양한 방법으로 많은 열매를 맺는다고 가르치신다.

오류 8

항론파의 주장: 이전에 중생했던 은혜에서 떨어진 사람이 다시, 심지어 자주 중생하는 것은 결코 터무니없지 않다.

성경에 따른 반론: 저들의 이 주장은 우리를 중생하게 하는 하나님의 썩지 아니할 씨를 부인하며 사도 베드로의 증언과 충돌한다. "너희가 거듭난 것은 썩어질 씨로 된 것이 아니요 썩지 아니할 씨로 된 것이니"(벧전 1:23).

오류 9

항론파의 주장: 그리스도께서는 어디에서도 신자들이 믿음에서 떨어지지 않도록 그들의 인내를 위

해 기도하시지 않았다.

성경에 따른 반론: 항론파의 이런 가르침은 그리스도께서 친히 하신 말씀과 모순된다. "그러나 내가 너를 위하여 네 믿음이 떨어지지 않기를 기도하였노니"(눅 22:32). 사도 요한도 그리스도께서 사도들을 위해 기도하셨을 뿐 아니라 사도들이 전한 복음을 듣고 믿게 될 모든 사람을 위해서도 기도하신다고 증언한다. "거룩하신 아버지여 내게 주신 아버지의 이름으로 그들을 보전하사"(요 17:11), "내가 비옵는 것은 그들을 세상에서 데려가시기를 위함이 아니요 다만 악에 빠지지 않게 보전하시기를 위함이니이다"(요 17:15), "내가 비옵는 것은 이 사람들만 위함이 아니요 또 그들의 말로 말미암아 나를 믿는 사람들도 위함이니"(요 17:20).

더 깊은 공부와 나눔을 위한 질문

시작하며
1. "다섯째 교리: 성도의 견인"을 단걸음에 읽어봅시다.

2. 왜 견인 교리가 마지막에 언급되고 있을까요?

1-15항
1. 참 신자들도 심각한 죄에 빠질 수 있습니까? 구원을 잃어버릴만한 죄를 지을 수도 있습니까?

2. 참 신자들이 죄를 지을 때 하나님께서는 그들에게 어떻게 행하십니까?

3. 참 신자들은 구원을 절대 잃어버릴 수 없으며, 끝까지 은혜 가운데 보존됨을 삼위일체 하나님의 일하심으로 설명해 보십시오.

4. 참 신자들은 견인의 확신을 가질 수 있습니까? 견인의 확신을 꼭 누려야 합니까? 이 확신의 의미와 가치를 말해 봅시다.

5. 견인 교리에 대한 흔한 오해들(신자들을 게으르게 한다는 등)에 반박해 봅시다.

(위 질문들에 대해 필요에 따라, 웨스트민스터 신앙고백 12-14, 17-18, 27, 29-30장과 웨스트민스터 대교리문답 75, 78-83, 154-177문답을 찾아 읽어봅시다.)

마치며

1. 이 견인 교리를 부정할 때 생기는 오류와 어려움은 무엇입니까? 그런 오류와 어려움들이 왜 하나님을 욕되게 하고 우리에게 절망을 줍니까?

2. 이 교리가 하나님을 어떻게 영화롭게 합니까?

3. 이 교리가 우리에게 주는 위로는 무엇입니까?

"다섯째 교리: 성도의 견인"을 읽으면서 하나님께서 깨닫게 해 주신 것과 베풀어 주신 은혜를 생각하며 감사합시다. 또 깨달아 배우고 확신한 일에 거할 수 있게 해 달라고 기도합시다.

결론

첫째 교리 하나님의 선택과 유기
둘째 교리 그리스도의 죽으심과 그 죽으심으로 말미암은 사람의 구속
셋째 · 넷째 교리 사람의 부패, 하나님께로의 회심과 그 회심이 일어나는 과정
다섯째 교리 성도의 견인
결론

이렇게 하여 총회는 네덜란드에서 논쟁되어 온 다섯 조항에 대한 정통 교리를 분명하고 간결하며 정직하게 설명하였을 뿐만 아니라 잠깐 네덜란드 교회를 동요하게 한 오류들을 거부했다. 총회는 이 설명과 거부가 하나님의 말씀에 기초를 두고 있으며, 개혁교회들의 신앙고백에 일치하는 것으로 판결한다. 따라서 어떤 사람들이 다음과 같은 말들로 사람들을 설득하려 한 것은 매우 부적절하게 행동한 것이며, 모든 진리와 공평과 사랑을 거스른 것임이 분명히 드러난다.

- 예정과 예정에 관련된 개혁교회들의 교리는 바로 그 특성과 성향 때문에 사람들의 마음을 모든 경건함과 신앙에서 멀어지게 한다.

- 이 교리들은 육신과 마귀의 마취제이며 사탄의 근거지다. 사탄은 이곳에 숨어서 모든 사람을 기다렸다가 많은 사람에게 해를 입히고, 많은 사람에게 절망과 자기 과신이라는 화살로 치명상을 입힌다.

- 이 교리들은 하나님을 죄의 조성자요, 불의한 폭군과 위선자로 만든다. 이 교리들은 스토아주

의, 마니교, 방종주의, 이슬람교를 새로 꾸민 것에
불과하다.

• 이 교리들은 사람들을 육적인 자기 과신에 빠지
게 한다. 왜냐하면 이 교리들은 택함 받은 사람들
이 어떻게 살든 아무것도 그들의 구원을 빼앗을 수
없으며, 그래서 그들이 매우 극악한 죄를 지어도
안전하다고 믿게 하고, 택함 받지 못한 사람들은
그들이 성도에게 속한 모든 일을 진심으로 행한다
할지라도 아무 소용이 없다고 믿게 하기 때문이다.

• 이 교리들은 하나님께서 죄에 대한 어떤 고려도
없이, 순전히 그분의 임의적인 뜻으로 세상 대부
분이 정죄 받도록 예정하시고 창조하셨다고 가르
친다.

• 같은 방법으로 선택은 믿음과 선한 일의 근거와
원인이며, 유기는 불신앙과 불경건의 원인이다.

• 신자의 많은 어린 자녀가 아무런 죄도 없이 어
머니의 가슴에서 잡아채어져 잔인하게 지옥으로
던져진다. 그래서 그리스도의 피도 그들이 교회에

서 받은 세례나, 세례를 받을 때 드린 교회의 기도도 그들에게 아무런 소용이 없다.

이외에도 개혁교회들이 부인할 뿐만 아니라 심지어 온 마음으로 맹렬히 규탄하는 다른 많은 거짓 가르침들이 있다.

그러므로 우리 도르트 총회는 여기저기에서 들은 거짓 비방을 기초로 개혁교회들의 신앙을 판단하지 말도록 우리 주 예수 그리스도의 이름을 경건하게 부르는 모든 사람에게 엄명한다. 또한 몇몇 고대와 현대 교사들의 사적인 진술을 본래 의미와 다르게 종종 그릇되게 인용하거나 문맥에서 벗어나게 인용한 것으로 판단하지 말 것을 엄명한다. 신자들은 교회의 공적 신앙고백과 총회에 참석한 모든 회원이 만장일치로 결의한 정통 교리에 관한 이 설명을 근거로 판단할 것을 엄명한다.

또한, 총회는 거짓 비방자들에게, 그들이 그토록 많은 교회와 교회의 신앙고백을 거슬러 거짓으로 증언하고, 연약한 사람들의 양심을 괴롭히고, 참 신자들의 공동체 안에 많은 의심을 일으키려고 한 것에 대해 하나님께서 얼마나 무겁게 심판하실지에 대해 깊이 생각하고 헤아려보라고 진심으로 경고한다.

마지막으로 우리 총회는 그리스도의 복음 안에 있는 동료 사역자들에게 그들이 하나님을 경외하는 마음과 경건한 태도로 학교와 교회에서 이 교리를 다룰 것을 간절히 권고한다. 복음 사역자들은 이 교리를 말하고 이 교리에 관하여 글을 쓸 때 하나님의 이름의 영광과 생명의 거룩함과 고통받는 영혼들의 위로를 추구해야 한다. 또 이 교리를 생각하고 말할 때는 믿음의 유추를 따라서 성경에 부합하도록 생각하고 말해야 한다. 그리고 복음 사역자들은 성경이 가르치는 참 의미의 테두리를 벗어나는 모든 표현을 삼가서, 파렴치한 궤변가들에게 그들이 개혁교회들의 교리를 조롱하거나 심지어 비방할 좋은 기회를 주지 말아야 한다.

성부 하나님의 오른편에 앉으시고 사람들에게 은사를 주시는 하나님의 아들 예수 그리스도께서 우리를 진리로 거룩하게 하시고, 오류를 범하는 사람들을 진리로 인도하시며, 건전한 교리를 비방하는 사람들의 입을 막아 주시고, 하나님의 말씀을 전하는 신실한 복음 사역자들에게 지혜와 분별의 영을 주셔서, 그들이 전하는 모든 말이 하나님께 영광이 되게 하시고, 그 말을 듣는 모든 사람을 세우는 일이 되게 하시기를 원하옵나이다. 아멘.

이해를 돕는 글

"이해를 돕는 글"은 도르트 신조가 보여주는 교리와 관련하여 따로 생각해 볼 필요가 있는 내용과 일어나는 궁금증 중 몇에 대해 성경에 따라 답하고 정리하는 데 독자 여러분께 조금이나마 도움을 드리고자 마련되었습니다.

교리마다 간단하게 몇 가지만 선별해서 다루고 있으니, 모든 조항에 대한 해설이나 깊고 풍부한 설명이 필요하신 분들은 책 뒤의 추천 도서 목록을 참고하시기 바랍니다.

The Canons of Dort Note

도르트 신조 본문은 항론파의 주장 순서에 답하기 위해 선택-속죄-타락-은혜-견인의 순서로 진술되어 있지만, 우리는 널리 알려진 것처럼 타락-선택-속죄-은혜-견인(각각의 영어 머리글자를 따서 TULIP)의 논리적인 순서로 살펴보겠습니다.

전적 타락　Total Depravity
무조건적 선택　Unconditional Election
제한 속죄　Limited Atonement
불가항력적 은혜　Irresistible Grace
성도의 견인　Perseverance of the Saints

네, 언제부터 누가 이 은혜 교리를 TULIP이라는 머리글자로 정리했는지는 모르지만 많은 사람이 이 순서로 이야기하는 것은 논리 때문입니다. 사람의 처지와 상태, 그리고 그의 필요를 이야기하고 나서, 하나님께서 사람의 필요에 대해 어떻게 계획하셨고, 어떻게 이루시고 적용하시는

지, 그리고 그런 은혜를 받은 신자가 어떻게 그 은혜 안에 거하고 되는지를 자연스럽게 보여주기 때문입니다. 그래서 여기서도 이 논리를 전제로 구성했습니다. 다만, 우리가 경험적으로는 하나님의 성령께서 우리가 죄인인 것을 깨닫게 하셔서 우리가 죄와 비참 가운데 있다는 것을 보여주시고, 우리에게 불가항력적인 은혜를 경험하게 해주셔, 그리스도를 보게 하시고, 그리스도께서 우리의 주와 구주가 되신다는 사실을 인정하고 높이며, 이런 구원의 의미와 과정이 사실은 창세전에 있음을 알게 하시고, 그래서 감사와 찬양 가운데 하나님께서 주신 믿음을 가지고 계속해서 은혜 가운데 살아간다고 이야기할 수도 있겠습니다.

우리는 지금 어쩔 수 없이, 또 필요에 따라 교리를 나누어서 살펴볼 것인데, 도르트 신조의 다섯 가지 교리는 하나로 연합되어 있다는 것을 항상 기억해야겠습니다. 어느 하나가 다른 하나를 전제하고 또 낳습니다. 만약 어느 하나가 부정되면 다른 것도 다 무너집니다. 그렇게 다섯 가지 교리는 깊이 연관되어 있습니다. 어느 하나는 좋아하지만 다른 것은 싫다거나, 몇 가지는 인정하지만 어느 하나는 인정할 수 없다고 말할 수 없는 것입니다.

전적 타락

먼저 도르트 신조 셋째·넷째 교리 중 1-6항을 읽어봅시다. 특히 3-4항을 소리 내어 읽어봅시다.

성경이 증언하는 전적 타락

다음에 이어지는 성경구절들을 충분히 묵상해 봅시다. 분량이 꽤 되지만 우리의 생각과 마음이 성경의 가르침에 사로잡히는 데 큰 도움이 됩니다.

> 여호와께서 사람의 죄악이 세상에 가득함과 그의 마음으로 생각하는 모든 계획이 항상 악할 뿐임을 보시고 _**창 6:5**
>
> 여호와께서 그 향기를 받으시고 그 중심에 이르시되 내가 다시는 사람으로 말미암아 땅을 저주하지 아니하리니 이는 사람의 마음이 계획하는 바가 어려서부터 악함이라 내가 전에 행한 것 같이 모든 생물을 다시 멸하지 아니하리니 _**창 8:21**

범죄하지 아니하는 사람이 없사오니 그들이 주께 범죄함으로 주께서 그들에게 진노하사 그들을 적국에게 넘기시매 적국이 그들을 사로잡아 원근을 막론하고 적국의 땅으로 끌어간 후에 _왕상 8:46

하물며 악을 저지르기를 물 마심 같이 하는 가증하고 부패한 사람을 용납하시겠느냐 _욥 15:16

어리석은 자는 그의 마음에 이르기를 하나님이 없다 하는도다 그들은 부패하고 그 행실이 가증하니 선을 행하는 자가 없도다 _시 14:1

다 치우쳐 함께 더러운 자가 되고 선을 행하는 자가 없으니 하나도 없도다 _시 14:3

내가 죄악 중에서 출생하였음이여 어머니가 죄 중에서 나를 잉태하였나이다 _시 51:5

네가 선보다 악을 사랑하며 의를 말함보다 거짓을 사랑하는도다 (셀라) _시 52:3

어리석은 자는 그의 마음에 이르기를 하나님이 없다 하도다 그들은 부패하며 가증한 악을 행함이여 선을 행하는 자가 없도다 _시 53:1

각기 물러가 함께 더러운 자가 되고 선을 행하는 자 없으니 한 사람도 없도다 _시 53:3

여호와께서는 사람의 생각이 허무함을 아시느니라 _시 94:11

여호와여 주께서 죄악을 지켜보실진대 주여 누가 서리이까 _시 130:3

주의 종에게 심판을 행하지 마소서 주의 눈 앞에는 의로운 인생이 하나

도 없나이다 _시 143:2

행악하기를 기뻐하며 악인의 패역을 즐거워하나니 _잠 2:14

악한 계교를 꾀하는 마음과 빨리 악으로 달려가는 발과 _잠 6:18

내가 내 마음을 정하게 하였다 내 죄를 깨끗하게 하였다 할 자가 누구냐 _잠 20:9

선을 행하고 전혀 죄를 범하지 아니하는 의인은 세상에 없기 때문이로다 _전 7:20

모든 사람의 결국은 일반이라 이것은 해 아래에서 행해지는 모든 일 중의 악한 것이니 곧 인생의 마음에는 악이 가득하여 그들의 평생에 미친 마음을 품고 있다가 후에는 죽은 자들에게로 돌아가는 것이라 _전 9:3

슬프다 범죄한 나라요 허물 진 백성이요 행악의 종자요 행위가 부패한 자식이로다 그들이 여호와를 버리며 이스라엘의 거룩하신 이를 만홀히 여겨 멀리하고 물러갔도다 _사 1:4

우리는 다 양 같아서 그릇 행하여 각기 제 길로 갔거늘 여호와께서는 우리 모두의 죄악을 그에게 담당시키셨도다 _사 53:6

예루살렘아 네 마음의 악을 씻어 버리라 그리하면 구원을 얻으리라 네 악한 생각이 네 속에 얼마나 오래 머물겠느냐 _렘 4:14

구스인이 그의 피부를, 표범이 그의 반점을 변하게 할 수 있느냐 할 수 있을진대 악에 익숙한 너희도 선을 행할 수 있으리라 _렘 13:23

만물보다 거짓되고 심히 부패한 것은 마음이라 누가 능히 이를 알리요

마는 _렘 17:9

그들은 순종하지 아니하며 귀를 기울이지 아니하며 그 목을 곧게 하여 듣지 아니하며 교훈을 받지 아니하였느니라 _렘 17:23

너희가 선을 미워하고 악을 기뻐하여 내 백성의 가죽을 벗기고 그 뼈에서 살을 뜯어 _미 3:2

좋은 나무가 나쁜 열매를 맺을 수 없고 못된 나무가 아름다운 열매를 맺을 수 없느니라 _마 7:18

독사의 자식들아 너희는 악하니 어떻게 선한 말을 할 수 있느냐 이는 마음에 가득한 것을 입으로 말함이라 선한 사람은 그 쌓은 선에서 선한 것을 내고 악한 사람은 그 쌓은 악에서 악한 것을 내느니라 _마 12:34-35

마음에서 나오는 것은 악한 생각과 살인과 간음과 음란과 도둑질과 거짓 증언과 비방이니 _마 15:19

예수께서 대답하시되 진실로 진실로 네게 이르노니 사람이 물과 성령으로 나지 아니하면 하나님의 나라에 들어갈 수 없느니라 육으로 난 것은 육이요 영으로 난 것은 영이니 내가 네게 거듭나야 하겠다 하는 말을 놀랍게 여기지 말라 _요 3:5-7

그 정죄는 이것이니 곧 빛이 세상에 왔으되 사람들이 자기 행위가 악하므로 빛보다 어둠을 더 사랑한 것이니라 _요 3:19

나를 보내신 아버지께서 이끌지 아니하시면 아무도 내게 올 수 없으니 오는 그를 내가 마지막 날에 다시 살리리라 _요 6:44

예수께서 대답하시되 진실로 진실로 너희에게 이르노니 죄를 범하는 자마다 죄의 종이라 _요 8:34

너희는 너희 아비 마귀에게서 났으니 너희 아비의 욕심대로 너희도 행하고자 하느니라 그는 처음부터 살인한 자요 진리가 그 속에 없으므로 진리에 서지 못하고 거짓을 말할 때마다 제 것으로 말하나니 이는 그가 거짓말쟁이요 거짓의 아비가 되었음이라 _요 8:44

하나님을 알되 하나님을 영화롭게도 아니하며 감사하지도 아니하고 오히려 그 생각이 허망하여지며 미련한 마음이 어두워졌나니 _롬 1:21

그러면 어떠하냐 우리는 나으냐 결코 아니라 유대인이나 헬라인이나 다 죄 아래에 있다고 우리가 이미 선언하였느니라 기록된 바 의인은 없나니 하나도 없으며 깨닫는 자도 없고 하나님을 찾는 자도 없고 다 치우쳐 함께 무익하게 되고 선을 행하는 자는 없나니 하나도 없도다 그들의 목구멍은 열린 무덤이요 그 혀로는 속임을 일삼으며 그 입술에는 독사의 독이 있고 그 입에는 저주와 악독이 가득하고 그 발은 피 흘리는 데 빠른지라 파멸과 고생이 그 길에 있어 평강의 길을 알지 못하였고 그들의 눈 앞에 하나님을 두려워함이 없느니라 함과 같으니라 우리가 알거니와 무릇 율법이 말하는 바는 율법 아래에 있는 자들에게 말하는 것이니 이는 모든 입을 막고 온 세상으로 하나님의 심판 아래에 있게 하려 함이라 _롬 3:9-19

모든 사람이 죄를 범하였으매 하나님의 영광에 이르지 못하더니 _롬 3:23

그러므로 한 사람으로 말미암아 죄가 세상에 들어오고 죄로 말미암아 사망이 들어왔나니 이와 같이 모든 사람이 죄를 지었으므로 사망이 모든 사람에게 이르렀느니라 _롬 5:12

육신의 생각은 하나님과 원수가 되나니 이는 하나님의 법에 굴복하지 아니할 뿐 아니라 할 수도 없음이라 육신에 있는 자들은 하나님을 기쁘시게 할 수 없느니라 _롬 8:7-8

육에 속한 사람은 하나님의 성령의 일들을 받지 아니하나니 이는 그것들이 그에게는 어리석게 보임이요, 또 그는 그것들을 알 수도 없나니 그러한 일은 영적으로 분별되기 때문이라 _고전 2:14

아담 안에서 모든 사람이 죽은 것 같이 그리스도 안에서 모든 사람이 삶을 얻으리라 _고전 15:22

그는 허물과 죄로 죽었던 너희를 살리셨도다 그 때에 너희는 그 가운데서 행하여 이 세상 풍조를 따르고 공중의 권세 잡은 자를 따랐으니 곧 지금 불순종의 아들들 가운데서 역사하는 영이라 전에는 우리도 다 그 가운데서 우리 육체의 욕심을 따라 지내며 육체와 마음의 원하는 것을 하여 다른 이들과 같이 본질상 진노의 자녀이었더니 긍휼이 풍성하신 하나님이 우리를 사랑하신 그 큰 사랑을 인하여 허물로 죽은 우리를 그리스도와 함께 살리셨고 (너희는 은혜로 구원을 받은 것이라) _엡 2:1-5

그들의 총명이 어두워지고 그들 가운데 있는 무지함과 그들의 마음이 굳어짐으로 말미암아 하나님의 생명에서 떠나 있도다 _엡 4:18

이러므로 하나님이 미혹의 역사를 그들에게 보내사 거짓 것을 믿게 하심은 진리를 믿지 않고 불의를 좋아하는 모든 자들로 하여금 심판을 받게 하려 하심이라 _**살후 2:11-12**

깨끗한 자들에게는 모든 것이 깨끗하나 더럽고 믿지 아니하는 자들에게는 아무 것도 깨끗한 것이 없고 오직 그들의 마음과 양심이 더러운지라 그들이 하나님을 시인하나 행위로는 부인하니 가증한 자요 복종하지 아니하는 자요 모든 선한 일을 버리는 자니라 _**딛 1:15-16**

욕심이 잉태한즉 죄를 낳고 죄가 장성한즉 사망을 낳느니라 _**약 1:15**

음심이 가득한 눈을 가지고 범죄하기를 그치지 아니하고 굳세지 못한 영혼들을 유혹하며 탐욕에 연단된 마음을 가진 자들이니 저주의 자식이라 _**벧후 2:14**

만일 우리가 죄가 없다고 말하면 스스로 속이고 또 진리가 우리 속에 있지 아니할 것이요 _**요일 1:8**

성경에 따르면 우리는 전적으로 타락한 존재입니다. 우리는 인류의 대표인 아담과 언약으로 연합되어 있는데, 아담이 처음 죄를 지을 때 함께 죄를 지었습니다. 웨스트민스터 대교리문답을 살펴보겠습니다.

웨스트민스터 대교리문답으로 보는 사람의 상태

21문답

문. 사람은 하나님께 창조 받은 처음 상태에 그대로 있었습니까?

답. 의지의 자유를 받은 우리 시조는 사탄의 유혹에 빠져 먹지 말라 하신 열매를 먹음으로 하나님의 계명을 어겼으며, 그리하여 창조 받은 무죄의 상태에서 타락했습니다.

22문답

문. 온 인류가 아담이 처음 죄를 지을 때 타락했습니까?

답. 아담은 인류를 대표하는 자로서, 하나님께서 아담과 맺은 언약은 아담만이 아니라 아담의 후손과도 맺은 것이므로 보통의 출생으로 아담에게서 나오는 온 인류는 아담이 처음 죄를 지을 때 아담 안에서 죄를 짓고 아담과 함께 타락했습니다.

네, 교리문답은 아담이 처음 죄를 지을 때 온 인류가 아담 안에서 죄를 짓고 아담과 함께 타락했다고 말합니다. 로마서 5장 12-19절을 보십시오. 고린도전서 15장 21-22절은 다음과 같이 증언합니다.

> 사망이 한 사람으로 말미암았으니 죽은 자의 부활도 한 사람으로 말미암는도다 아담 안에서 모든 사람이 죽은 것 같이 그리스도 안에서 모든 사람이 삶을 얻으리라.

계속해서 살펴보시겠습니다.

23문답

문. 아담의 타락은 인류를 어떤 상태로 이르게 했습니까?

답. 아담의 타락은 인류를 죄와 비참의 상태에 이르게 했습니다.

24문답

문. 죄는 무엇입니까?

답. 죄는 이성적인 피조물에게 법칙으로 주어진 하나님의 법을 조금이라도 온전히 못 지키거나 그 법을 어기는 것입니다.

25문답

문. 사람이 타락한 상태에서 죄는 어떤 것이 있습니까?

답. 사람이 타락한 상태에서 죄는 원죄와 본죄(자범죄)가 있는데, 원죄는 아담이 처음 지은 죄에 대한 죄책과 창조되었을 때 받은 의의 결핍과 본성 전체의 부패, 그리고 이로 말미암아 사람이 영적으로 선한 모든 것을 매우 싫어하고, 행할 능력도 없으며, 선한 모든 것에 거역하는 것, 그리고 마음이 악을 향해 전적으로, 또 계속적으로 기울어지는 것을 말합니다. 본죄는 이 원죄로부터 나와 실행되는 모든 죄입니다.

26문답

문. 원죄는 우리 시조에게서 그 후손에게 어떻게 전해졌습니까?

답. 원죄는 우리 시조에게서 그 후손에게 자연적인 해산으로 전해지기 때문에, 우리 시조에게서 이러한 방법으로 태어나는 모든 후손은 죄 가운데 잉태되고 태어납니다.

27문답

문. 타락으로 말미암아 인류는 어떻게 비참해졌습니까?

답. 타락으로 말미암아 인류는 하나님과의 교제가 끊어졌고, 하나님의 진노와 저주를 받게 되었습니다. 따라서 우리는 본질상 진노의 자녀요, 사탄에게 매인 종이며, 이 세상에서뿐만 아니라 오는 세상에서도 모든 형벌을 마땅히 받아야 하는 자들입니다.

28문답

문. 이 세상에서 받는 죄의 형벌은 무엇입니까?

답. 이 세상에서 받는 죄의 형벌은 내적으로는 지성이 어두워지는 것, 타락한 마음대로 내버려지는 것, 미혹에 빠지는 것, 마음이 완악해지는 것, 양심은 공포로 가득한 것, 더러운 정욕에 사로잡히는 것이며, 외적으로는 우리 때문에 피조물들이 하나님의 저주를 받은 것과 모든 악이 우리의 몸과 이름과 소유와 관계와 노동에 미치는 것, 그리고 죽음 그 자체입니다

29문답

문. 오는 세상에서 받는 죄의 형벌은 무엇입니까?

답. 오는 세상에서 받는 죄의 형벌은, 위로를 주시는 하나님에게서 영원히 분리되고, 꺼지지 않는 지옥의 불에서 영혼과 몸이 더할 수 없는 고통을 영원히 받는 것입니다.

네, 25문답에서 원죄에 관한 이야기가 나왔습니다. "아담이 처음 지은 죄에 대한 죄책과 창조되었을 때 받은 의의 결핍과 본성 전체의 부패, 그리고 이로 말미암아 사람이 영적으로 선한 모든 것을 매우 싫어하고, 행할 능력도 없으며, 선한 모든 것에 거역하는 것, 그리고 마음이 악을 향해 전적으로, 또 계속적으로 기울어지는 것", 이것이 바로 전적 타락을 설명하고 있습니다. 성경이 말하는 전적 타락은 사람이 도무지 선을 행할 수도 없을 뿐만 아니라 선을 알지도 못한다는 것입니다. 선을 행하고자 하는 마음 자체가 없으며, 오로지 악으로 기울어 있다는 것입니다.

성경이 말하는 죄인은 스스로 아무것도 할 수 없습니다. 하나님이 아니시면 우리는 아무것도 아닙니다. 하나님께서 우리를 새롭게 하셔야만 하고, 우리를 이끄셔야만 하고, 우리를 붙들어주셔야만 합니다. 하지만 우리는 하나님을 우리의 조력자 정도로 생각할 때가 많습니다. 아닙니다. 우리는 잃어버린 바 되었으며, 죽었습니다. 무엇을 잘 못하는데, 그것을 할 수 있게, 더 잘할 수 있게 해달라고 할 수 있는 게 아닙니다. 우리는 죽었기에 할 수가 없습니다. 사랑할 수 없고, 순종할 수 없습니다. 마음에 둘 수 없습니다. 이미 죽은 사람에게 인공호흡이 아무런 의미가 없듯이 우리가 할 수 있다고 말하는 것, 믿을 수 있다고 말하는 것은 아무런 의미가 없습니다. 우리는 할 수 없고 믿을 수 없기 때문입니다.

이 말은 사람이 일반적으로 말하는 사회적 선을 행하지 못한다는 말이 아니며, 더 악할 수 없을 만큼 악하다는 말도 아닙니다. 그런데도 그가 하는 사회적인 선조차 하나님께는 참된 선이 아니며, 더 악할 수 없을 만큼의 악은 아니라 할지라도 사람이 하는 모든 것이 악하다는 의미에서 사람은 전적으로 타락했습니다.

원죄 교리를 부정할 때 생기는 오류와 어려움

그런데 많은 사람이 원죄를 부정하거나 부정하고 싶어 합니다. 어떻게 아담과 우리가 연합되어 있단 말입니까? 아담이 지은 죄는 아담의 죄고, 우리는 우리 각자가 지은 죄에 대한 책임을 지는 것이 맞지 않습니까? 우리는 우리가 아담과 어떻게 연합되어 있는지 알 수 없습니다. 하지만 하나님의 말씀인 성경은 우리가 아담과 한 혈통으로 묶여 있고, 언약으로 연합되어 있으며, 분명 아담 안에서 죄를 짓고, 아담과 함께 타락했다고 말합니다. 우리가 아담과 어떻게 연합되어 있는지 우리의 지성으로 알 수 없다고 해서, 이해할 수 없다고 해서 아담과 우리는 상관없다며 성경을 부인해서는 안 됩니다. 같은 논리라면 우리는 그리스도께서 은혜 언약으로 연합되어 있는, 택하신 자들을 대표하여 이루신 구속도 결코 우리의 것이 될 수 없다고 해야 합니다. 우리는 그리스도께서 이루신 속죄가 어떻게 우리의 것이 되는지 우리의 지성으로 다 알지도 못하고 이해할 수도 없습니다. 성경이 증언하므로 믿음으로 그것을 받을 뿐입니다.

마찬가지로 우리는 우리가 아담과 함께 연합되어 있어 아담 안에서 죄를 짓고 아담과 함께 타락했음을 믿음으로 시인합니다.

예수님께서 오셔서 십자가에서 죽으시고 다시 사심으로 말미암아 우리가 더는 원죄에 얽매이지 않는다고 주장하는 사람들이 있습니다. 그렇다면 유아의 죽음은 어떻게 설명해야 할까요? 우리가 더는 원죄에 얽매이지 않는다면 유아들은 어떻게든 죽지 않아야 합니다. 하지만 이를 설명할 수 없습니다.

사람의 처지와 상태

전적으로 타락했다는 말은 하나님께서 이끌지 아니하시면 사람은 하나님을 찾을 수도 없고, 찾으려고 하지도 않는다는 것입니다. 하나님께서 이끌지 아니하시면 하나님께 단 한 발자국도 나아갈 수 없다는 뜻입니다. "나를 보내신 아버지께서 이끌지 아니하시면 아무도 내게 올 수 없으니 오는 그를 내가 마지막 날에 다시 살리리라"(요 6:44).

사람의 상태가 어떤지를 정확히 아는 것이 중요합니다. 우리는 부패했으며, 본질상 진노의 자녀고, 원하는 모든 것은 죄이며, 악으로 기울어져 있습니다. 선을 모르고, 선을 선택할 수도 행할 수도 없습니다. 따라서 구원을 스스로 이룰 수 없습니다. 이것이 바로 우리에게 그리스도가 필요한 이유입니다.

이 사실을 정확히, 있는 그대로 이해하고 인정하는 것이 중요한데, 그

것은 죄에 대한 우리의 이해가 매우 얕기 때문입니다.

하나님께 지은 죄는 모두가 무한히 악하고, 무한한 책임을 져야 합니다. 죄의 기준은 우리가 아닌 하나님인데, 무한히 선하시고 거룩하신 하나님께 반대되는 것은 모두 무한히 나쁘고 더러우므로 무한히 악한 것이 됩니다. 성경은 우리가 나쁜 마음을 먹고 적극적으로 짓는 죄만이 아니라 믿음을 따라 하지 아니하는 것은 다 죄라고 선언합니다. 우리가 먹든지 마시든지 무엇을 하든지 하나님의 영광을 위하여 하지 않고, 마음과 뜻과 힘을 다해 하나님과 우리 이웃을 사랑하지 않을 때도 우리는 하나님께 무한히 큰 죄악을 저지르는 것입니다(눅 10:27; 롬 14:23; 고전 10:31).

또, 우리는 죄를 짓기는 하지만 언제든 하나님께 달려가기만 하면 죄를 충분히 이겨낼 수 있다고 생각합니다. 또는, 회개하기만 하면 언제든 하나님께서 우리를 용서해주시리라고 생각합니다. 지식으로는 죄의 무거움과 심각함을 말하지만, 우리 삶을 보면 실제로 우리는 죄를 죄로 인정하지 않는 경우가 많지 않나요? 우리가 매일 하나님 앞에서 우리의 죄와 존재에 대해서 어떻게 회개하고 있는지가 사실은 죄에 대한 우리의 실제 판단이 아닌가요? 죄와 싸우되 피 흘리기까지 대항하기는커녕 죄를 미워하는 마음도 많지 않은 것이 실제 우리 아닌가요?

치명적인 병에 걸려 있지만 아직 생명이 있다······가 아니라 허물과 죄로 우리가 죽었다는 것이 성경의 진술입니다(롬 6:23; 엡 2:1; 약 1:15). 사람은 심한 상처를 입어 도움을 구하고, 또는 스스로 치료책을 찾아가는 존재가 아닙니다. 성경이 말하는 사람의 상태는 죄로 말미암아 죽었습니다. 그는 선에 대하여 살아 있지 않습니다. 생명이 있지 않은데 어떻게 도움을 구하며, 해결책을 찾으며, 살기를 바랄 수 있을까요?

또한, 본질상 진노의 자녀인 우리가 하는 모든 것이 다 악입니다. 우리는 그것을 너무나 사랑합니다. 우리는 죄짓기를 좋아하고, 항상 악을 생각합니다. 우리는 적극적으로 죄를 짓습니다. 있는 힘껏 죄를 짓습니다. 마음과 뜻과 힘과 정성을 다해 죄를 가까이하고 사랑하며, 우리 자신을 사랑하고 높입니다. 우리는 우리 마음이 원하는 바로 이런 것들을 주저 없이 기쁨으로 행합니다. "전에는 우리도 다 그 가운데서 우리 육체의 욕심을 따라 지내며 육체와 마음의 원하는 것을 하여 다른 이들과 같이 본질상 진노의 자녀이었더니"(엡 2:3).

하나님께서는 선하시지만 우리는 악하고, 하나님께서는 의로우시지만 우리는 불의합니다. 이런 우리는 하나님의 공의로우심을 따라 반드시 죄에 대한 책임을 져야 합니다. 이 세상에서도 비참하게 살아야 하고(웨스트민스터 대교리문답 27-28문답 참고), 죽어서도 영원토록 형벌을 받으며 살아야 합니다(웨스트민스터 대교리문답 29문답 참고). 우리는 하나님의 진노의 대상입니다. 하나님께서는 우리를 선하고 의롭게 지으셨지만 우리는 우리 창조주를 거역하고 적극적으로 하나님께 죄를 지었기 때문입니다.

전적으로 필요하신 분, 예수 그리스도

전적으로 부패해서 아무런 소망이 없다는 말은 전적으로 다른 무엇이 필요하다는 말도 됩니다. "다른 이로써는 구원을 받을 수 없나니 천하 사람 중에 구원을 받을 만한 다른 이름을 우리에게 주신 일이 없"습니다(행 4:12). 전적으로 무능한 죄인에게 예수님은 유일한 소망이십니다. 그리스도만을 의지하는 자는 구원을 받습니다. 하나님께서 택하신 자의 마음을 움직이셔서 그리스도만을 의지하게 하시기 때문입니다. 그것은 하나님의 작정입니다. 계획입니다. 따라서 하나님께서 이루실 것인데, 반드시 이루실 것이며, 완벽하게 이루실 것이고, 신묘막측하게 이루실 것입니다. "죽임을 당하신 어린 양은 능력과 부와 지혜와 힘과 존귀와 영광과 찬송을 받으시기에 합당하"십니다(계 5:12). "보좌에 앉으신 이와 어린 양에게 찬송과 존귀와 영광과 권능을 세세토록 돌"립시다(계 5:13).

무조건적 선택

먼저 도르트 신조 첫째 교리를 읽어봅시다.

왜 우리는 선택(작정) 교리를 배우고 믿어야 하는가?

우리가 선택 교리를 배우고 믿어야 하는 이유는 무엇보다 성경이 선택에 대해서 말하기 때문입니다. 또한 성경은 하나님의 주권과 관련해서 선택을 중요하게 다룰 뿐만 아니라 우리 구원과 관련해서도 선택을 중요하게 이야기합니다. 즉 선택이 하나님의 영광을 드러내며, 우리에게 큰 위로도 주기 때문에 우리는 선택을 배우고 믿어야 합니다.

매우 아름답고 따뜻한 교리, 선택

어떤 사람들에게 이 교리는 아주 잔인하고 무자비한 교리입니다. 그들은 "선하시고 사랑이 많으신 하나님께서 어떻게 어떤 사람들을 지옥에 보내실 수 있는가?" 하고 묻습니다.

하지만 어떤 사람들에게 이 교리는 매우 아름답고 따뜻한 교리입니다. 그들은 공의로우신 하나님께서 선과 사랑을 베푸셔서 모든 사람이 멸망하도록 내버려 두지 않으시고 자신의 기쁘신 뜻에 따라 어떤 사람들을 선택하여 구원하신다는 사실에 놀라워하며 하나님을 찬양합니다.

> 문. 하나님께서는 온 인류를 죄와 비참의 상태에서 멸망하도록 버려두셨습니까?
>
> 답. 하나님께서는, 일반적으로 행위 언약이라고 하는 첫 언약을 깨뜨려 죄와 비참에 빠진 모든 사람을, 멸망하도록 버려두지 않으십니다. 하나님의 순전한 사랑과 자비로 자신이 택하신 자들을 죄와 비참의 상태에서 건져내셔서, 일반적으로 은혜 언약이라고 하는 두 번째 언약으로, 택하신 자들이 구원을 받게 하십니다.
>
> — 웨스트민스터 대교리문답 30문답

우리가 사람의 처지와 상태가 전적으로 타락해 있다는 것을 시인한다면, 모두가 하나님께 정죄 받아 마땅하고, 영원한 형벌에 처해져야 한다고 인정한다면, 우리는 모두를 멸망하도록 버려두지 않으시고 어떤 사람들에게 은혜를 베푸신 일에 대해 우리 입을 막고 감사와 찬양을 드리는 일 외에는 아무것도 할 수 없을 것입니다.

웨스트민스터 대교리문답으로 보는 작정과 선택

12문답

문. 하나님의 작정은 무엇입니까?

답. 하나님의 작정은 하나님의 뜻대로 계획하신 지혜롭고, 자유롭고, 거룩한 행위입니다. 이로 말미암아 하나님께서는 영원 전에, 자신의 영광을 위해, 일어나는 모든 일, 특별히 천사와 사람에 관한 일을 불변하게 미리 정하셨습니다.

13문답

문. 하나님께서 천사와 사람에 대하여 특별히 작정하신 것은 무엇입니까?

답. 하나님께서는 적절할 때에 분명히 나타날 자신의 영광스러운 은혜로 말미암아 자신이 찬송 받으시기 위해, 영원하고 불변하는 작정에 따라, 하나님의 순전한 사랑으로, 어떤 천사들을 영광에 이르도록 선택하셨고, 그리스도 안에서 어떤 사람들이 영생에 이르도록 선택하시되 그 방법까지 선택하셨습니다. 그리고 하나님께서는 하나님의 주권적인 권능과 헤아릴 수 없는 자신의 뜻에 따라 (바로 이 뜻에 따라 하나님께서는 그 기뻐하시는 대로 은혜를 베풀기도 하시고 거두기도 하시는데), 그 밖의 사람들은 간과하셔서 그들이 자신들의 죄 때문에 벌을 받고 수치와 진노를 당하도록 미리 정하심으로 하나님의 공의에 대한 영광으로 말미암아 자신이 찬양받게 하셨습니다.

선택은 변할 수 있는가?

우리는 거의 언제나 우리 기준에서 생각하고 판단합니다. 선택에 관해서도 마찬가지입니다. 우리가 심각한 죄에 빠져 있을 때, 우리에게서 성화의 열매가 두드러지게 드러나지 않을 때 우리는 불안해하고 때로는 절망에 빠지기도 합니다. 또 종종 어떤 사람들의 선택에 대해서 신중하지 못한 판단을 내리기도 합니다.

하지만 우리가 전적 타락을 공정하게 판단한다면, 우리는 선택에 대해서도 우리가 기여하는 바가 아무것도 없음을 깨닫게 됩니다. 선택의 조건과 근거는 우리에게 전혀 없습니다. 성경과 신조는 선택에 관해서 말할 때 선택의 근거가 오로지 하나님의 자유롭고 선하신 뜻이라고 증언합니다.

도르트 신조 첫째 교리 7항: 선택

선택은 하나님의 변하지 않으시는 결정이다. 그 결정에 따라 하나님께서는 창세전에 오직 은혜로, 하나님의 자유롭고 선하신 뜻에 따라서, 자신들의 잘못으로 원래의 흠 없는 상태에서 죄와 파멸 가운데 빠진 온 인류 가운데서, 정하신 수의 사람들을 그리스도 안에서 구원하기로 택하셨다. 택함 받은 사람들이 택함 받지 않은 사람들보다 더 낫거나, 어떤 택함 받을 만한 자격이 그들에게 있어서 택함 받은 것이 아니다. 모든 사람이 똑같이 비참 가운데 놓여 있었다. 그러나 하나님께서는 그리스도 안에서 다음과 같은 일들을 행하셨는데, 영원 전에 그리스도를 모든 택함 받은 사람의 중보자로, 그들의 머리로, 그들을 구원하시는 기초로 정하셨다. 그다음에 하나님께서는 택하신 자들을 그리스도께 주시기로, 그리스도로 말미암아 그들이 구원받게 하시기로, 그들이 그리스도와 교제하도록 하나님의 말씀과 성령님으로 그들을 효과적으로 부르시고 이끄시기로 작정하셨다. 다시 말해서, 하나님께서는 택하신 자들이 그리스도를 참되게 믿으며, 그들이 의롭다 함을 받으며, 그들이 점점 거룩하게 되며, 하나님의 아들이신 그리스도와 그들이 나누는 교제를 권능으로 지키신 후, 마침내 택하신 자들이 영화롭게 되도록 작정하셨다. 하나님께서는 하나님의 자비를 나타내시기 위해, 하나님의 영광스러운 은혜의 풍성함으로 말미암아 찬송 받으시기 위해 이 모든 일을 행하신다. 성경은 다음과 같이 증언한다. "곧 창세전에 그리스도 안에서 우리를 택하사 우리로 사랑 안에서 그 앞에 거룩하고 흠이 없게 하시려고 그 기쁘신 뜻대로 우리를 예정하사 예수 그리스도로 말미암아 자기의 아들들이 되게 하셨으니 이는 그가 사랑하시는 자 안에서 우리에게 거저 주시는 바 그의 은혜의 영광을 찬송하게 하려는 것이라"(엡 1:4-6), "또 미리 정하신 그들을 또한 부르시고 부르신 그들을 또한 의롭다 하시고 의롭다 하신 그들을 또한 영화롭게 하셨느니라"(롬 8:30).

너희가 나를 택한 것이 아니요 내가 너희를 택하여 세웠나니 이는 너희로 가서 열매를 맺게 하고 또 너희 열매가 항상 있게 하여 내 이름으로 아버지께 무엇을 구하든지 다 받게 하려 함이라 _요 15:16

> 하나님이 우리를 구원하사 거룩하신 소명으로 부르심은 우리의 행위대로 하심이 아니요 오직 자기의 뜻과 영원 전부터 그리스도 예수 안에서 우리에게 주신 은혜대로 하심이라 _딤후 1:9

따라서 선택은 우리의 상태나 행위에 따라 변하지 않습니다. 선택이 하나님에게서 나오는 것이기 때문입니다. 그리고 하나님께서는 "존재와 지혜와 권능과 거룩하심과 공의로우심과 선하심과 진실하심이 무한하고 영원하며 '불변하시는' 분"이시기 때문입니다. 하나님께서는 변하지 않으시는 분이십니다. 그분께서 변하신다면 그분은 하나님이 아닙니다. 그분은 완전한 분이 아니며, 신실하신 분이 아니게 됩니다.

> 하나님은 사람이 아니시니 거짓말을 하지 않으시고 인생이 아니시니 후회가 없으시도다 어찌 그 말씀하신 바를 행하지 않으시며 하신 말씀을 실행하지 않으시랴 _민 23:19

> 너희는 옛적 일을 기억하라 나는 하나님이라 나 외에 다른 이가 없느니라 나는 하나님이라 나 같은 이가 없느니라 내가 시초부터 종말을 알리며 아직 이루지 아니한 일을 옛적부터 보이고 이르기를 나의 뜻이 설 것이니 내가 나의 모든 기뻐하는 것을 이루리라 하였노라 내가 동쪽에서 사나운 날짐승을 부르며 먼 나라에서 나의 뜻을 이룰 사람을 부를 것이라 내가 말하였은즉 반드시 이룰 것이요 계획하였은즉 반드시 시행하리라 _사 46:9-11

그러므로 선택 교리는 우리에게 매우 큰 위로가 됩니다. 변하지 않으시는 하나님께서, 말씀하신 것을 반드시 이루시는 하나님께서, 작정하신 것을 틀림없이 이루시는 하나님께서 우리를 선택하셨기 때문입니다.

모든 것을 하나님의 자유롭고 선하신 뜻대로 이루시는 하나님

하나님께서는 어쩔 수 없이 계획하신 것이 아니며, 하나님께서 지혜롭지 못하게 작정하신 것도 아닙니다.

> 모든 일을 그의 뜻의 결정대로 일하시는 이의 계획을 따라 우리가 예정을 입어 그 안에서 기업이 되었으니 _엡 1:11

또 하나님이 알지 못하는 그 무엇이 존재하는 일도 없습니다. 모든 것은 하나님의 의지 안에 있습니다. 즉, 하나님의 의지(will, 뜻)가 계획하고 이루어 냅니다. 따라서 우연도 불확실도 없으며, 심지어 악한 자들의 행위도 하나님의 작정에 포함됩니다.

> 그런즉 나를 이리로 보낸 이는 당신들이 아니라 하나님이시라 하나님이 나를 바로에게 아버지로 삼으시고 그 온 집의 주로 삼으시며 애굽온 땅의 통치자로 삼으셨나이다 _창 45:8

제비는 사람이 뽑으나 모든 일을 작정하기는 여호와께 있느니라 _잠 16:33

참새 두 마리가 한 앗사리온에 팔리지 않느냐 그러나 너희 아버지께서 허락하지 아니하시면 그 하나도 땅에 떨어지지 아니하리라 _마 10:29

그가 하나님께서 정하신 뜻과 미리 아신 대로 내준 바 되었거늘 너희가 법 없는 자들의 손을 빌려 못 박아 죽였으나 _행 2:23

과연 헤롯과 본디오 빌라도는 이방인과 이스라엘 백성과 합세하여 하나님께서 기름부으신 거룩한 종 예수를 거슬러 하나님의 권능과 뜻대로 이루려고 예정하신 그것을 행하려고 이 성에 모였나이다 _행 4:27-28

악한 자들의 행위, 악이라도 하나님께서는 자신의 영광을 위해 사용하십니다.

당신들은 나를 해하려 하였으나 하나님은 그것을 선으로 바꾸사 오늘과 같이 많은 백성의 생명을 구원하게 하시려 하셨나니 _창 50:20

가장 강력한 증거 본문, 로마서 9장

내가 그리스도 안에서 참말을 하고 거짓말을 아니하노라 나에게 큰 근심이 있는 것과 마음에 그치지 않는 고통이 있는 것을 내 양심이 성령 안에서 나와 더불어 증언하노니 나의 형제 곧 골육의 친척을 위하여 내 자신이 저주를 받아 그리스도에게서 끊어질지라도 원하는 바로라 그들은 이스라엘 사람이라 그들에게는 양자 됨과 영광과 언약들과 율법을 세우신 것과 예배와 약속들이 있고 조상들도 그들의 것이요 육신으로 하면 그리스도가 그들에게서 나셨으니 그는 만물 위에 계셔서 세세에 찬양을 받으실 하나님이시니라 아멘 그러나 하나님의 말씀이 폐하여진 것 같지 않도다 이스라엘에게서 난 그들이 다 이스라엘이 아니요 또한 아브라함의 씨가 다 그의 자녀가 아니라 오직 이삭으로부터 난 자라야 네 씨라 불리리라 하셨으니 곧 육신의 자녀가 하나님의 자녀가 아니요 오직 약속의 자녀가 씨로 여기심을 받느니라 약속의 말씀은 이것이니 명년 이 때에 내가 이르리니 사라에게 아들이 있으리라 하심이라 그뿐 아니라 또한 리브가가 우리 조상 이삭 한 사람으로 말미암아 임신하였는데 그 자식들이 아직 나지도 아니하고 무슨 선이나 악을 행하지 아니한 때에 택하심을 따라 되는 하나님의 뜻이 행위로 말미암지 않고 오직 부르시는 이로 말미암아 서게 하려 하사 리브가에게 이르시되 큰 자가 어린 자를 섬기리라 하셨나니 기록된 바 내가 야곱은 사랑하고 에서는 미워하였다 하심과 같으니라 그런즉 우리가 무슨 말을 하리요 하나님께 불의가 있느냐 그럴 수 없느니라 모세에게 이르시되 내가 긍휼히 여길 자를 긍휼히 여기고 불쌍히 여길 자를 불쌍히 여기리라 하셨으니 **그런즉 원하는 자로 말미암음도 아니요 달음박질하는 자로 말미암음도 아니요 오직 긍휼히 여기시는 하나님으로 말미암음이니라** 성경이 바로에게 이르시되 내가 이 일을 위하여 너를 세웠으니 곧 너로 말미암아 내 능력을 보이고 내 이름이 온 땅에 전파되게 하려 함이라 하셨으니 그런즉 하나님께서 하고자 하시는 자를 긍휼히 여기시고 하고자 하시는 자를 완악하게 하시느니라 혹 네가 내게 말하기를 그러면 하나님이 어찌하여 허물하시느냐 누가 그 뜻을 대적하느냐 하리니 이 사람아 네가 누구이기에 감히 하나님께 반문하느냐 지음을 받은 물건이 지은 자에게 어찌 나를 이같이 만들었느냐 말하겠느냐 토기장이가 진흙 한 덩이로 하나는 귀히 쓸 그릇을, 하나는 천히 쓸 그릇을 만들 권한이 없느냐 만일 하나님이 그의 진노를 보이시고 그의 능력을 알게 하고자 하사 멸하기로 준비된 진노의 그릇을 오래 참으심으로 관용하시고 또한 영광 받기로 예비하신 바 긍휼의 그릇에 대하여 그 영광의 풍성함을 알게 하고자 하셨을지라도 무슨 말을 하리요 이 그릇은 우리니 곧 유대인 중에서뿐 아니라 이방인 중에서도 부르신 자니라 호세아의 글에도 이르기를 내가 내 백성 아닌 자를 내 백성이라, 사랑하지 아니한 자를 사랑한 자라 부르리라 너희는 내 백성이 아니라 한 그 곳에서 그들이 살아 계신 하나님의 아들이라 일컬음을 받으리라 함과 같으니라 또 이사야가 이스라엘에 관하여 외치되 이스라엘 자손들의 수가 비록 바다의 모래 같을지라도 남은 자만 구원을 받으리니 주께서 땅 위에서 그 말씀을 이루고 속히 시행하시리라 하셨느니라 또한 이사야가 미리 말한 바 만일 만군의 주께서 우리에게 씨를 남겨 두지 아니하셨더라면 우리가 소돔과 같이 되고 고모라와 같았으리로다 함과 같으니라

전체 문맥이 가리키는 내용도 그렇지만 특히 16절은 그 의미가 너무도 분명해서 이론의 여지가 없습니다. "그런즉 원하는 자로 말미암음도 아

니요 달음박질하는 자로 말미암음도 아니요 오직 긍휼히 여기시는 하나님으로 말미암음이니라." 이 말씀을 믿음으로, 감사함으로, 겸손하게 받고 찬양과 영광을 돌려야겠습니다.

선택이 보여주는 것, 하나님의 영광과 주권

우리는 선택에서 하나님의 주권과 영광을 봅니다. 선택(작정)하시고 이루시는 모든 일, 열매 모두가 하나님께만 달려있기 때문입니다.

> 당신들이 나를 이 곳에 팔았다고 해서 근심하지 마소서 한탄하지 마소서 하나님이 생명을 구원하시려고 나를 당신들보다 먼저 보내셨나이다 이 땅에 이 년 동안 흉년이 들었으나 아직 오 년은 밭갈이도 못하고 추수도 못할지라 하나님이 큰 구원으로 당신들의 생명을 보존하고 당신들의 후손을 세상에 두시려고 나를 당신들보다 먼저 보내셨나니 그런즉 나를 이리로 보낸 이는 당신들이 아니요 하나님이시라 하나님이 나를 바로에게 아버지로 삼으시고 그 온 집의 주로 삼으시며 애굽 온 땅의 통치자로 삼으셨나이다 _창 45:5-8

> 당신들은 나를 해하려 하였으나 하나님은 그것을 선으로 바꾸사 오늘과 같이 많은 백성의 생명을 구원하게 하시려 하셨나니 _창 50:20

> 내가 바로의 마음을 완악하게 하고 내 표징과 내 이적을 애굽 땅에서 많이 행할 것이나 _출 7:3

여호와께서 이르시되 내가 내 모든 선한 것을 네 앞으로 지나가게 하고 여호와의 이름을 네 앞에 선포하리라 나는 은혜 베풀 자에게 은혜를 베풀고 긍휼히 여길 자에게 긍휼을 베푸느니라 _출 33:19

너는 여호와 네 하나님의 성민이라 네 하나님 여호와께서 지상 만민 중에서 너를 자기 기업의 백성으로 택하셨나니 여호와께서 너희를 기뻐하시고 너희를 택하심은 너희가 다른 민족보다 수효가 많기 때문이 아니니라 너희는 오히려 모든 민족 중에 가장 적으니라 여호와께서 다만 너희를 사랑하심으로 말미암아, 또는 너희의 조상들에게 하신 맹세를 지키려 하심으로 말미암아 자기의 권능의 손으로 너희를 인도하여 내시되 너희를 그 종 되었던 집에서 애굽 왕 바로의 손에서 속량하셨나니 그런즉 너는 알라 오직 네 하나님 여호와는 하나님이시요 신실하신 하나님이시라 그를 사랑하고 그의 계명을 지키는 자에게는 천 대까지 그의 언약을 이행하시며 인애를 베푸시되 _신 7:6-9

욥이 여호와께 대답하여 이르되 주께서는 못 하실 일이 없사오며 무슨 계획이든지 못 이루실 것이 없는 줄 아오니 _욥 42:1-2

여호와의 계획은 영원히 서고 그의 생각은 대대에 이르리로다 _시 33:11

여호와께서 그의 보좌를 하늘에 세우시고 그의 왕권으로 만유를 다스리시도다 _시 103:19

오직 우리 하나님은 하늘에 계셔서 원하시는 모든 것을 행하셨나이다 _시 115:3

여호와께서 그가 기뻐하시는 모든 일을 천지와 바다와 모든 깊은 데서

다 행하셨도다 _시 135:6

여호와께서 온갖 것을 그 쓰임에 적당하게 지으셨나니 악인도 악한 날에 적당하게 하셨느니라 _잠 16:4

너희는 옛적 일을 기억하라 나는 하나님이라 나 외에 다른 이가 없느니라 나는 하나님이라 나 같은 이가 없느니라 내가 시초부터 종말을 알리며 아직 이루지 아니한 일을 옛적부터 보이고 이르기를 나의 뜻이 설 것이니 내가 나의 모든 기뻐하는 것을 이루리라 하였노라 내가 동쪽에서 사나운 날짐승을 부르며 먼 나라에서 나의 뜻을 이룰 사람을 부를 것이라 내가 말하였은즉 반드시 이룰 것이요 계획하였은즉 반드시 시행하리라 _사 46:9-11

내 입에서 나가는 말도 이와 같이 헛되이 내게로 되돌아오지 아니하고 나의 기뻐하는 뜻을 이루며 내가 보낸 일에 형통함이니라 _사 55:11

땅의 모든 사람들을 없는 것 같이 여기시며 하늘의 군대에게든지 땅의 사람에게든지 그는 자기 뜻대로 행하시나니 그의 손을 금하든지 혹시 이르기를 네가 무엇을 하느냐고 할 자가 아무도 없도다 _단 4:35

이에 그들이 소리 질러 이르되 하나님의 아들이여 우리가 당신과 무슨 상관이 있나이까 때가 이르기 전에 우리를 괴롭게 하려고 여기 오셨나이까 하더니 _마 8:29

참새 두 마리가 한 앗사리온에 팔리지 않느냐 그러나 너희 아버지께서 허락하지 아니하시면 그 하나도 땅에 떨어지지 아니하리라 너희에게는 머리털까지 다 세신 바 되었나니 두려워하지 말라 너희는 많은 참새보

다 귀하니라 _마 10:29-31

그 때에 임금이 그 오른편에 있는 자들에게 이르시되 내 아버지께 복 받을 자들이여 나아와 창세로부터 너희를 위하여 예비된 나라를 상속 받으라 _마 25:34

또 왼편에 있는 자들에게 이르시되 저주를 받은 자들아 나를 떠나 마귀와 그 사자들을 위하여 예비된 영원한 불에 들어가라 _마 25:41

인자는 이미 작정된 대로 가거니와 그를 파는 그 사람에게는 화가 있으리로다 하시니 _눅 22:22

그들이 능히 믿지 못한 것은 이 때문이니 곧 이사야가 다시 일렀으되 그들의 눈을 멀게 하시고 그들의 마음을 완고하게 하셨으니 이는 그들로 하여금 눈으로 보고 마음으로 깨닫고 돌이켜 내게 고침을 받지 못하게 하려 함이라 하였음이더라 _요 12:39-40

내가 너희 모두를 가리켜 말하는 것이 아니니라 나는 내가 택한 자들이 누구인지 앎이라 그러나 내 떡을 먹는 자가 내게 발꿈치를 들었다 한 성경을 응하게 하려는 것이니라 _요 13:18

너희가 나를 택한 것이 아니요 내가 너희를 택하여 세웠나니 이는 너희로 가서 열매를 맺게 하고 또 너희 열매가 항상 있게 하여 내 이름으로 아버지께 무엇을 구하든지 다 받게 하려 함이라 _요 15:16

내가 그들과 함께 있을 때에 내게 주신 아버지의 이름으로 그들을 보전하고 지키었나이다 그 중의 하나도 멸망하지 않고 다만 멸망의 자식뿐이오니 이는 성경을 응하게 함이니이다 _요 17:12

그가 하나님께서 정하신 뜻과 미리 아신 대로 내준 바 되었거늘 너희가 법 없는 자들의 손을 빌려 못 박아 죽였으나 _행 2:23

과연 헤롯과 본디오 빌라도는 이방인과 이스라엘 백성과 합세하여 하나님께서 기름 부으신 거룩한 종 예수를 거슬러 하나님의 권능과 뜻대로 이루려고 예정하신 그것을 행하려고 이 성에 모였나이다 _행 4:27-28

이방인들이 듣고 기뻐하여 하나님의 말씀을 찬송하며 영생을 주시기로 작정된 자는 다 믿더라 _행 13:48

하나님이 미리 아신 자들을 또한 그 아들의 형상을 본받게 하기 위하여 미리 정하셨으니 이는 그로 많은 형제 중에서 맏아들이 되게 하려 하심이니라 또 미리 정하신 그들을 또한 부르시고 부르신 그들을 또한 의롭다 하시고 의롭다 하신 그들을 또한 영화롭게 하셨느니라 _롬 8:29-30

그런즉 이와 같이 지금도 은혜로 택하심을 따라 남은 자가 있느니라 만일 은혜로 된 것이면 행위로 말미암지 않음이니 그렇지 않으면 은혜가 은혜 되지 못하느니라 그런즉 어떠하냐 이스라엘이 구하는 그것을 얻지 못하고 오직 택하심을 입은 자가 얻었고 그 남은 자들은 우둔하여졌느니라 _롬 11:5-7

그러나 성경이 무엇을 말하느냐 여종과 그 아들을 내쫓으라 여종의 아들이 자유 있는 여자의 아들과 더불어 유업을 얻지 못하리라 하였느니라 _갈 4:30

곧 창세 전에 그리스도 안에서 우리를 택하사 우리로 사랑 안에서 그 앞에 거룩하고 흠이 없게 하시려고 그 기쁘신 뜻대로 우리를 예정하사 예수 그리스도로 말미암아 자기의 아들들이 되게 하셨으니 이는 그가 사랑하시는 자 안에서 우리에게 거저 주시는 바 그의 은혜의 영광을 찬송하게 하려는 것이라 _엡 1:4-6

그 뜻의 비밀을 우리에게 알리신 것이요 그의 기뻐하심을 따라 그리스도 안에서 때가 찬 경륜을 위하여 예정하신 것이니 _엡 1:9

모든 일을 그의 뜻의 결정대로 일하시는 이의 계획을 따라 우리가 예정을 입어 그 안에서 기업이 되었으니 이는 우리가 그리스도 안에서 전부터 바라던 그의 영광의 찬송이 되게 하려 하심이라 _엡 1:11-12

너희는 그 은혜에 의하여 믿음으로 말미암아 구원을 받았으니 이것은 너희에게서 난 것이 아니요 하나님의 선물이라 행위에서 난 것이 아니니 이는 누구든지 자랑하지 못하게 함이라 _엡 2:8-9

곧 영원부터 우리 주 그리스도 예수 안에서 예정하신 뜻대로 하신 것이라 _엡 3:11

주께서 사랑하시는 형제들아 우리가 항상 너희에 관하여 마땅히 하나님께 감사할 것은 하나님이 처음부터 너희를 택하사 성령의 거룩하게 하심과 진리를 믿음으로 구원을 받게 하심이니 이를 위하여 우리의 복음으로 너희를 부르사 우리 주 예수 그리스도의 영광을 얻게 하려 하심이니라 _살후 2:13-14

미쁘다 모든 사람이 받을 만한 이 말이여 그리스도 예수께서 죄인을 구원하시려고 세상에 임하셨다 하였도다 죄인 중에 내가 괴수니라 _딤전 1:15

하나님이 우리를 구원하사 거룩하신 소명으로 부르심은 우리의 행위대로 하심이 아니요 오직 자기의 뜻과 영원 전부터 그리스도 예수 안에서 우리에게 주신 은혜대로 하심이라 _딤후 1:9

그러므로 믿는 너희에게는 보배이나 믿지 아니하는 자에게는 건축자들이 버린 그 돌이 모퉁이의 머릿돌이 되고 또한 부딪치는 돌과 걸려 넘어지게 하는 바위가 되었다 하였느니라 그들이 말씀을 순종하지 아니하므로 넘어지나니 이는 그들을 이렇게 정하신 것이라 _벧전 2:7-8

하나님이 범죄한 천사들을 용서하지 아니하시고 지옥에 던져 어두운 구덩이에 두어 심판 때까지 지키게 하셨으며 _벧후 2:4

사랑은 여기 있으니 우리가 하나님을 사랑한 것이 아니요 하나님이 우리를 사랑하사 우리 죄를 속하기 위하여 화목 제물로 그 아들을 보내셨음이라 _요일 4:10

우리가 사랑함은 그가 먼저 우리를 사랑하셨음이라 _요일 4:19

이는 가만히 들어온 사람 몇이 있음이라 그들은 옛적부터 이 판결을 받기로 미리 기록된 자니 경건하지 아니하여 우리 하나님의 은혜를 도리어 방탕한 것으로 바꾸고 홀로 하나이신 주재 곧 우리 주 예수 그리스도를 부인하는 자니라 _유 1:4

또 자기 지위를 지키지 아니하고 자기 처소를 떠난 천사들을 큰 날의 심판까지 영원한 결박으로 흑암에 가두셨으며 _유 1:6

지면 관계상 더 많은 구절을 싣지 않았을 뿐 선택을 말해주는 말씀들이 이 외에도 대단히 많습니다. 독자 여러분께서도 성경을 통독하실 때 선택에 관한 말씀들을 따로 정리해 보시기 바랍니다.

이런 말씀들을 대할 때 우리는 겸손하게 됩니다. 죄인 중에 괴수조차도 선택하셔서 구원하시는 하나님의 자비를 생각하고 찬양하게 됩니다.

선택을 대하는 우리의 바른 태도

다 같은 죄인인데, 왜 누구는 구원해주고, 왜 누구는 구원해 주지 않으시는가? 불공평하다. 하나님은 불공평한 분이시다. 자기 멋대로시다!

우리 처지를 아는 것이 정말로 중요합니다. 우리는 어떤 권리를 가진 것처럼 주장하거나 항의할 수 없습니다. 우리는 모두 멸망 받아 마땅합니다. 그런데 그중에서 하나님께서 당신의 자유롭고 기쁘신 뜻대로 어떤 사람들을 은혜로 구원하시는 것입니다. "왜 누군가를 멸망시키시는가?"가 아니라 "왜 나를, 왜 나 같은 죄인을 구원하시는 것입니까?"하고 물어야 합니다.

> 나 같은 죄인 살리신 주 은혜 놀라워
> 잃었던 생명 찾았고 광명을 얻었네

큰 죄악에서 건지신 주 은혜 고마워

나 처음 믿은 그 시간 귀하고 귀하다

이제껏 내가 산 것도 주님의 은혜라

또 나를 장차 본향에 인도해 주시리

거기서 우리 영원히 주님의 은혜로

해처럼 밝게 살면서 주 찬양 하리라 아멘.

새 찬송가 305장

   불공평하다고 생각하는 당신이여, 믿으십시오. 감히 하나님을 판단하려 하지 말고, 지금 당신이 죄로 말미암아 멸망 가운데 있음을 깨달으십시오. 그리고 그리스도께 매달리십시오. 불공정에 대해 생각할 이유와 여유가 있습니까? 당신이 정말 당신의 현실을 깨닫는다면 부르짖어야 합니다. 그리스도께서는 자신을 부르는 자들을 결코 외면하지 않으십니다. 당신이 택함 받은 자인지 아닌지를 생각하지 마십시오. 그리스도를 간절히 부르는 자는 결코 그리스도에게서 멀지 않습니다. 당신이 부르짖는 것 자체가 당신이 선택에서 멀지 않다는 증거가 됩니다.

   지금 당장 그리스도께 달려가십시오. 무릎 꿇고 아뢰십시오. 당신의 마음을 부드럽게 해달라고, 그리스도를 주와 구주로 영접하고 싶다고 간구하십시오. 불쌍히 여겨 달라고, 자비를, 은혜를 베풀어 달라고.

다윗의 자손이여 우리를 불쌍히 여기소서 _마 9:27

주여 우리를 불쌍히 여기소서 _마 20:31

소리를 높여 이르되 예수 선생님이여 우리를 불쌍히 여기소서 _눅 17:13

세리는 멀리 서서 감히 눈을 들어 하늘을 쳐다보지도 못하고 다만 가슴을 치며 이르되 하나님이여 불쌍히 여기소서 나는 죄인이로소이다 하였느니라 _눅 18:13

그러나 감히 하나님의 비밀스러운 뜻을 인간적인 호기심으로 캐내려 하고, 감히 하나님께 힐문하며, 계속해서 그리스도께 나아가지 않는다면, 그것이 바로 당신이 선택받지 못했다는 증거가 됩니다.

감추어진 일은 우리 하나님 여호와께 속하였거니와 나타난 일은 영원히 우리와 우리 자손에게 속하였나니 이는 우리에게 이 율법의 모든 말씀을 행하게 하심이니라 _신 29:29

이는 내 생각이 너희의 생각과 다르며 내 길은 너희의 길과 다름이니라 여호와의 말씀이니라 이는 하늘이 땅보다 높음 같이 내 길은 너희의 길보다 높으며 내 생각은 너희의 생각보다 높음이니라 _사 55:8-9

네가 하나님의 오묘함을 어찌 능히 측량하며 전능자를 어찌 능히 완전히 알겠느냐 하늘보다 높으시니 네가 무엇을 하겠으며 스올보다 깊으시니 네가 어찌 알겠느냐 그의 크심은 땅보다 길고 바다보다 넓으니라 _욥 11:7-9

하나님이 모든 것을 지으시되 때를 따라 아름답게 하셨고 또 사람들에게는 영원을 사모하는 마음을 주셨느니라 그러나 하나님이 하시는 일의 시종을 사람으로 측량할 수 없게 하셨도다 _전 3:11

사람이 장래 일을 알지 못하나니 장래 일을 가르칠 자가 누구이랴 _전 8:7

바람의 길이 어떠함과 아이 밴 자의 태에서 뼈가 어떻게 자라는지를 네가 알지 못함 같이 만사를 성취하시는 하나님의 일을 네가 알지 못하느니라 _전 11:5

너는 내일 일을 자랑하지 말라 하루 동안에 무슨 일이 일어날는지 네가 알 수 없음이니라 _잠 27:1

깊도다 하나님의 지혜와 지식의 풍성함이여, 그의 판단은 헤아리지 못할 것이며 그의 길은 찾지 못할 것이로다 _롬 11:33

그러므로 하나님을 경외하며 예배합시다.

여호와여 위대하심과 권능과 영광과 승리와 위엄이 다 주께 속하였사오니 천지에 있는 것이 다 주의 것이로소이다 여호와여 주권도 주께 속하였사오니 주는 높으사 만물의 머리이심이니이다 부와 귀가 주께로 말미암고 또 주는 만물의 주재가 되사 손에 권세와 능력이 있사오니 모든 사람을 크게 하심과 강하게 하심이 주의 손에 있나이다 _대상 29:11-12

이르되 내가 모태에서 알몸으로 나왔사온즉 또한 알몸이 그리로 돌아

> 가을지라 주신 이도 여호와시요 거두신 이도 여호와시오니 여호와의 이름이 찬송을 받으실지니이다 하고 _욥 1:21
> 사람이 무엇이기에 주께서 그를 생각하시며 인자가 무엇이기에 주께서 그를 돌보시나이까 _시 8:4

우리는 선택하시고 구원하시는 하나님의 지혜와 지식의 풍성함으로 말미암아 하나님을 찬양합니다.

하나님께서는 선택의 이유를 하나님 안에서 찾으십니다. 따라서 우리는 그것을 다 알 수 없습니다. 그러나 선하신 하나님의 계획이기 때문에, 그분의 뜻이기 때문에, 그분을 믿기 때문에 그분의 계획도 믿고 사랑하고 높입니다. 우리는 하나님께서 하시는 모든 일의 의미와 그 일들이 어떻게 이루어지는지와 결국을 다 알지 못합니다. 그러나 하나님께서 선하시고 공의로우시며 거룩하신 분이시기 때문에 하나님의 뜻과 계획이, 그분의 모든 일하심이 선하고 공의롭다고 믿습니다.

우리의 할 일은 하나님께 마땅히 드려야 할 찬양과 영광을 돌려드리는 것입니다. 우리는 왜 우리 같은 죄인들을 구원하시는가 하며 다만 하나님의 자비하심과 은혜를 찬양해야 합니다.

> 나는 여호와이니 이는 내 이름이라 나는 내 영광을 다른 자에게, 내 찬송을 우상에게 주지 아니하리라 _사 42:8
> 이 백성은 내가 나를 위하여 지었나니 나를 찬송하게 하려 함이니라 _사 43:21

나는 예수님을 믿고 구원받기 원하지만
선택받지 않았으면 어쩌죠?

"나는 예수님을 믿고 싶어요. 나는 이 죄와 비참에서 벗어나고 싶어요. 저는 예수님만이 저를 구원해주실 수 있음을 알아요. 하지만 제가 선택받지 않았으면 어쩌죠?" 이런 질문을 하는 당신에게 그리스도가 진실로 유일한 소망입니까? 그렇다면 당신은 선택을 받은 사람입니다. 당신은 은혜 안에 있습니다.

진실로 구원받기를 원하는데 거절 받는 경우는 없습니다. 자기의 영혼의 상태에 대해 진지하게 고민하는 사람은 구원과 가까이 있습니다. 구원받고자 하는, 예수님을 구주로 필요로 하는 이들에게 예수 그리스도가 거절되거나, 구원의 문이, 은혜의 문이 닫혀 있는 경우는 절대 없습니다.

"하나님 저는 구원받고 싶습니다. 이 죄와 사망에서 벗어나고 싶습니다. 제게는 그리스도가 필요합니다. 저는 아무것도 할 수 없습니다. 저를 불쌍히 여겨주십시오." 이것이 우리의 진실한 고백이라면, 진실한 간구라면, 이러한 고백과 간구 자체가 이미 우리가 선택받은 사람임을 보여주는 것입니다.

하나님께서 갈망만 주시고, 구원은 주시지 않는 일은 없습니다. 하나님께서는 갈망도 주시고, 구원도 주십니다. 누군가가 정말 간절히 원한다면 그것은 그에게 하나님께서 은혜를 주셨기 때문입니다. 택함 받지 않은 사람이 간절히 원하는 경우는 없습니다. 그는 죄로 죽어있기 때문입니다. 택함 받지 못한 사람에게는 이 갈망이 절대 있을 수 없기 때문입니다. 누군가가 간절히 원한다면 그는 은혜 안에 있다고 봐야 합니다. 하나님께서 그에게 구원을 베푸셨기 때문에 그가 그리스도를 바라보고, 그리스도를 의지하고, 그리스도를 필요로 하는 것이기 때문입니다. "너희 안에서 행하시는 이는 하나님이시니 자기의 기쁘신 뜻을 위하여 너희에게 소원을 두고 행하게 하시나니"(빌 2:13). 그 갈망을 주시는 분이 하나님이시기 때문입니다.

사람들이 믿지 않고, 멸망하는 것은 그들이 원함에도 그런 것이 아닙니다. 그들이 믿고 싶어 하지 않고, 멸망하는 것을 원하기 때문입니다. 그들이 하나님을, 빛을, 진리를 싫어하기 때문입니다. 그들이 그리스도의 피를 싫어하기 때문입니다. 그들이 하나님의 주권적 은혜 교리를 싫어하기 때문입니다. 어둠을 사랑하고, 하나님보다 자신을 더 사랑하기 때문입니다. 하나님이 아니라 자신을 의지하기 때문입니다. 그들은 선택 교리를 부당하게 여깁니다. 싫어합니다. 자신들이 구원받지 못하는 것은 하나님께서 믿지 못하게, 구원받지 못하게 하셨기 때문이라고 말합니다. 아닙니다.

사람들이 구원받지 못하는 것은 그들이 원하지 않기 때문입니다. 이들에게 주 예수그리스도를 믿으라고 하면 그들은 믿지 않습니다. 그들에게 구속의 은혜와 하나님의 자비와 주권을 보여주면 그들은 손사래 칩니다. 그들은 복음을 거절합니다! 이것이 바로 죄와 비참 가운데 있는 우리 모습입니다. 우리 자리요 위치입니다. 그런데 여기에 복음이 들어옵니다. 하나님께서 이런 우리를, 죽어 있는 우리를 그리스도로 말미암아 살리십니다. 우리에게 새 생명을 주십니다. 죽은 우리에게 말입니다.

선택받았는지 어떻게 알 수 있을까요? 주 예수 그리스도를 믿으십시오. 그분께 자비를 베풀어 달라고 하십시오. "다윗의 자손 예수여 나를 불쌍히 여기소서"(막 10:47), "하나님이여 불쌍히 여기소서, 나는 죄인이로소이다"(눅 18:13). 상하고 통회하는 마음을 달라고 하십시오. 그리스도만이 전부라고 고백하십시오. 그렇게 해달라고 아뢰십시오. 정말 당신이 원한다면, 이미 그것이 당신이 선택받았다는 증거입니다.

그리고 더 나아가 성령의 열매가 당신에게 있는지 확인하십시오. 성경이 말하는 신앙의 열매들이 당신에게 있을수록 당신의 확신은 견고해질 것입니다.

선택 교리를 오해하거나 비난하는 사람들에게

"구원받기로 되어 있다면 마음대로 살아도, 어떻게 살아도 최종적으로 구원을 받습니까?" "구원받기로 예정된 사람은 아무렇게나 살아도 됩니까?" '내가 구원받기로 예정됐다면, 아무렇게나 살아도 결국은 구원받게 될 것이다.'라는 생각, 질문 자체가 구원을 잘못 이해한 것입니다. 죄와 허물로 죽은 우리가 하나님의 자유롭고 선하신 뜻대로 선택받아 생명으로 옮겨졌는데 어떻게 마음대로 살 수 있겠습니까? 정말 구원받았다면 그의 마음과 생각이 하나님을 기뻐하고, 기쁘시게 하는 일들 행하기를 즐거워하며, 점점 더 거룩해져 간다는 것을 기억해야겠습니다.

전에는 행하는 모든 것이 죄이며, 생각하는 모든 것이 항상 악이었지만, 전에는 죄와 비참 가운데 있었지만, 이제 구원받은 성도는 생명의 성령의 법 아래서 살아갑니다(롬 8:2). 그는 자신을 대신하여 죽었다가 다시 살아나신 그리스도를 위하여 살아갑니다(고후 5:15). 성도의 마음은 이제 하나님께 사로잡혀 있고, 선을 깨닫고 알며 사랑합니다. 그는 그 무엇도 자신의 것이라 주장하지 않습니다. 그는 모든 일을 믿음을 따라 하며(롬 14:23), 먹든지 마시든지 무엇을 하든지 다 하나님의 영광을 위하여 합니다(고전 10:31). 그에게 '아무렇게나', '마음대로'라는 개념은 존재하지 않습니다.

선택 교리가 주는 유익

하나님을 향한 찬송과 감사, 사랑과 예배, 구원의 확신, 겸손, 그리고 복음 전도에 관한 용기와 작정된 자는 반드시 복음에 응답하리라는 확신 등 이 모든 것이 선택 교리에 대한 깨달음과 믿음에서 옵니다.

전적 타락에 관한 성경의 가르침을 더욱 크게 깨달을수록 선택으로 말미암은 감사도 더욱 커지게 됩니다.

우리 자신을 볼 때는 아무런 희망도 없지만 그리스도께서 선택의 기초가 되시기 때문에 우리는 확신을 가질 수 있습니다. 하나님께서 우리를 선택하셨기 때문에 우리를 끝까지 지키시고 우리의 구원을 이루어 가실 것이라는 확신도 하게 됩니다. 이런 확신들은 우리에게 이루 다 말할 수 없는 위로가 됩니다.

제한 속죄

먼저 도르트 신조 둘째 교리를 읽어봅시다.

누가 무엇을, 어떻게 제한하는가?

보편 속죄라는 말은 제한 속죄보다 훨씬 더 좋게 들립니다. 하나님의 자비와 은혜와 사랑을 더욱 크게 보여주는 말처럼 느껴집니다.

	제한 속죄	보편 속죄
속죄의 가치	무제한	무제한
속죄의 계획(범위)	택함 받은 사람들(제한)	모든 사람(무제한)
속죄의 성취	택함 받은 사람들(제한)	믿기로 한 일부 사람들(제한)
속죄의 효과	그리스도께 달려 있음 (택함 받은 모든 사람은 확실히 구원 받음)	사람에게 달려 있음 (구원을 얻을 수도 있고 안 얻을 수도 있음. 제한.)

(간단히 구분한 것으로 참고만 하시기 바랍니다.)

하지만 표에서 보신 것처럼 우리나 저들이나 모두 어떤 제한 속죄를 주장합니다. 무엇이 제한적인가? 하는 차이가 있는 것입니다.

우리는 다음과 같은 질문에 성경에 따라 답해야 합니다.

그리스도께서는 누구를 위해 죽으셨는가?
그리스도의 속죄는 죄인을 실제로 구원하는가?
그리스도의 죽으심, 속죄가 실제 한 일은 무엇인가? 즉, 어떤 일이 일어났는가?

보편 속죄, 또는 보편 속죄의 가능성을 주장하는 사람들은 자신들이 그리스도의 속죄하심을 더 바르고 따뜻하게 인정한다고 주장합니다. 그들의 말대로라면, 그리스도의 속죄가 모든 사람에게 열려 있으니까요. 저들은 그리스도께서 모든 사람이 '구원을 받을 수 있도록' 죽으셨다고 말합니다. 그리고 그렇게 속죄하신 일로 말미암아 모든 사람 안에 '예비적 은혜'(이 표현을 뭐라고 하든 간에)를 주시는데, 이 예비적 은혜로 말미암아 사람이 믿을 수 있는 의지가 생깁니다. 곧 최종적으로는 각 개인이 그리스도를 믿을지 안 믿을지를 결정하는 것입니다(불가항력적 은혜에서 이 부분을 다룹니다). 즉 그리스도의 속죄는 모든 사람에게 구원을 줄 가능성만을 제공해주고 있을 뿐입니다. 그리스도의 속죄는, 죽으심은 실제로 누구의 구원도 보장해주지 않습니다.

그러나 성경이 구속, 화목, 속죄, 속량 등의 단어를 어떻게 사용하는지 살펴보기만 해도 보편 속죄의 주장이 얼마나 잘못되고 신성모독적인지 알 수 있습니다.

이 내용은 이후에 계속해서 살펴보겠습니다.

가능성이 아니라 실제로 구원하심

그리스도께서는 단지 죄인들에게 구원의 가능성만을 주시기 위해서, 사람들이 구원을 선택할 수 있도록 하시기 위해서 오신 것이 아닙니다.

> 여호와께서 그의 백성을 속량하시며 그의 언약을 영원히 세우셨으니 그의 이름이 거룩하고 지존하시도다 _시 111:9

> 그가 이스라엘을 그의 모든 죄악에서 속량하시리로다 _시 130:8

> 찬송하리로다 주 이스라엘의 하나님이여 그 백성을 돌보사 속량하시며 _눅 1:68

> 인자가 온 것은 잃어버린 자를 찾아 구원하려 함이니라 _눅 19:10

> 나는 선한 목자라 나는 내 양을 알고 양도 나를 아는 것이 아버지께서 나를 아시고 내가 아버지를 아는 것 같으니 나는 양을 위하여 목숨을 버리노라 _요 10:14-15

> 세상 중에서 내게 주신 사람들에게 내가 아버지의 이름을 나타내었나이다 그들은 아버지의 것이었는데 내게 주셨으며 그들은 아버지의 말씀을 지키었나이다 _요 17:6

여러분은 자기를 위하여 또는 온 양 떼를 위하여 삼가라 성령이 그들 가운데 여러분을 감독자로 삼고 하나님이 자기 피로 사신 교회를 보살피게 하셨느니라 _행 20:28

우리가 아직 죄인 되었을 때에 그리스도께서 우리를 위하여 죽으심으로 하나님께서 우리에 대한 자기의 사랑을 확증하셨느니라 그러면 이제 우리가 그의 피로 말미암아 의롭다 하심을 받았으니 더욱 그로 말미암아 진노하심에서 구원을 받을 것이니 _롬 5:8-9

자기 아들을 아끼지 아니하시고 우리 모든 사람을 위하여 내주신 이가 어찌 그 아들과 함께 모든 것을 우리에게 주시지 아니하겠느냐 누가 능히 하나님께서 택하신 자들을 고발하리요 의롭다 하신 이는 하나님이시니 누가 정죄하리요 죽으실 뿐 아니라 다시 살아나신 이는 그리스도 예수시니 그는 하나님 우편에 계신 자요 우리를 위하여 간구하시는 자시니라 _롬 8:32-34

우리 하나님 아버지와 주 예수 그리스도로부터 은혜와 평강이 있기를 원하노라 그리스도께서 하나님 곧 우리 아버지의 뜻을 따라 이 악한 세대에서 우리를 건지시려고 우리 죄를 대속하기 위하여 자기 몸을 주셨으니 _갈 1:3-4

그리스도께서 우리를 위하여 저주를 받은 바 되사 율법의 저주에서 우리를 속량하셨으니 기록된 바 나무에 달린 자마다 저주 아래에 있는 자라 하였음이라 _갈 3:13

우리는 그리스도 안에서 그의 은혜의 풍성함을 따라 그의 피로 말미암

아 속량 곧 죄 사함을 받았느니라 _엡 1:7

그가 우리를 대신하여 자신을 주심은 모든 불법에서 우리를 속량하시고 우리를 깨끗하게 하사 선한 일을 열심히 하는 자기 백성이 되게 하려 하심이라 _딛 2:14

염소와 송아지의 피로 하지 아니하고 오직 자기의 피로 영원한 속죄를 이루사 단번에 성소에 들어가셨느니라 염소와 황소의 피와 및 암송아지의 재를 부정한 자에게 뿌려 그 육체를 정결하게 하여 거룩하게 하거든 하물며 영원하신 성령으로 말미암아 흠 없는 자기를 하나님께 드린 그리스도의 피가 어찌 너희 양심을 죽은 행실에서 깨끗하게 하고 살아 계신 하나님을 섬기게 하지 못하겠느냐 이로 말미암아 그는 새 언약의 중보자시니 이는 첫 언약 때에 범한 죄에서 속량하려고 죽으사 부르심을 입은 자로 하여금 영원한 기업의 약속을 얻게 하려 하심이라 _히 9:12-15

그리하면 그가 세상을 창조한 때부터 자주 고난을 받았어야 할 것이로되 이제 자기를 단번에 제물로 드려 죄를 없이 하시려고 세상 끝에 나타나셨느니라 _히 9:26

이와 같이 그리스도도 많은 사람의 죄를 담당하시려고 단번에 드리신 바 되셨고 구원에 이르게 하기 위하여 죄와 상관 없이 자기를 바라는 자들에게 두 번째 나타나시리라 _히 9:28

이 뜻을 따라 예수 그리스도의 몸을 단번에 드리심으로 말미암아 우리가 거룩함을 얻었노라 _히 10:10

그가 거룩하게 된 자들을 한 번의 제사로 영원히 온전하게 하셨느니라 _히 10:14

예수를 너희가 보지 못하였으나 사랑하는도다 이제도 보지 못하나 믿고 말할 수 없는 영광스러운 즐거움으로 기뻐하니 믿음의 결국 곧 영혼의 구원을 받음이라 _벧전 1:8-9

친히 나무에 달려 그 몸으로 우리 죄를 담당하셨으니 이는 우리로 죄에 대하여 죽고 의에 대하여 살게 하심이라 그가 채찍에 맞음으로 너희는 나음을 얻었나니 _벧전 2:24

그리스도께서도 단번에 죄를 위하여 죽으사 의인으로서 불의한 자를 대신하셨으니 이는 우리를 하나님 앞으로 인도하려 하심이라 육체로는 죽임을 당하시고 영으로는 살리심을 받으셨으니 _벧전 3:18

그가 빛 가운데 계신 것 같이 우리도 빛 가운데 행하면 우리가 서로 사귐이 있고 그 아들 예수의 피가 우리를 모든 죄에서 깨끗하게 하실 것이요 _요일 1:7

이 말씀들은 가능성을 이야기하고 있지 않습니다. 예수님께서는 가능성을 제공해 주시기 위해서가 아니라 실제로 자기 백성을 구원하시려고 오셨습니다. 그리스도께서 흘리신 피는 반드시 택하신 자들의 죄를 없이 합니다. 죄를 사합니다. 그들의 양심을 죽은 행실에서 깨끗하게 하고 살아 계신 하나님을 섬기게 합니다.

모든 사람이 아니라 선택하신 자들을 구원하심

한편,

> 아들을 낳으리니 이름을 예수라 하라 이는 그가 자기 백성을 그들의 죄에서 구원할 자이심이라 하니라 _마 1:21

예수님의 이름 자체가 제한 속죄를 증언합니다. 예수님께서는 모든 사람이 아니라 자기 백성, 곧 성부 하나님께서 택하셔서 그리스도께 주신 자들을 그들의 죄에서 구원하시기 위해 이 땅에 오셨습니다.

> 아버지께서 내게 주시는 자는 다 내게로 올 것이요 내게 오는 자는 내가 결코 내쫓지 아니하리라 내가 하늘에서 내려온 것은 내 뜻을 행하려 함이 아니요 나를 보내신 이의 뜻을 행하려 함이니라 나를 보내신 이의 뜻은 내게 주신 자 중에 내가 하나도 잃어버리지 아니하고 마지막 날에 다시 살리는 이것이니라 내 아버지의 뜻은 아들을 보고 믿는 자마다 영생을 얻는 이것이니 마지막 날에 내가 이를 다시 살리리라 하시니라 _요 6:37-40

더불어 성경은 예수님을 믿지 아니하여 멸망하는 사람들에 대해, "너희가 내 양이 아니므로 믿지 아니하는도다"(요 10:26)라고 말합니다.

제한 속죄를 부정할 때 생기는 문제

그리스도의 속죄가 가능성만을 제공한다는 주장은 크나큰 신성모독 죄입니다. 그리스도께 무엇이 부족합니까? 그리스도께서 하나님이 아니신가요? 그분이 하지 못하시는 일이 있나요? 전능하신 하나님이 아니신가요?

예수님께서 실제로 모든 사람의 죗값을 치르셨는데 사람이 그 구속의 은혜를 받을지 말지 선택할 수 있다? 이 말은 너무 이상합니다. 그들은 그리스도께서 실제로 모든 사람의 죗값을 치르셨다고 주장합니다. 그런데 성경은 불신앙이 죄라고 말합니다. 불신앙도 죄에 포함되므로 그리스도를 믿지 않는 사람이 없어야 하거나(보편 구원은 누구도 인정하지 않습니다), 불신앙이 죄가 아니거나(그러면 그리스도께서는 모든 사람의 모든 죗값을 치르신 것이 아닙니다) 해야 합니다.

예수님께서 모든 사람의 죗값을 치르셨는데도 누군가가 믿지 않는다는 것은 그리스도의 죽으심이, 그 속죄하심이 흠이 있으며, 사람을 구원하는 일에 실패한다는 말입니다. 그리스도께서 피를 헛되이 흘리셨다는 말입니다.

하나님의 공의에도 문제가 생깁니다. 그리스도께서 속죄하셨는데도 모든 사람이 구원받지 못한다는 것은 하나님의 공의가 비난받게 되는데, 이는 하나님의 공의가 속죄로 만족되었는데도 어떤 사람들이 죄로 말미암아 멸망 받기 때문입니다.

이런 주장은 삼위일체 하나님을 나뉘게 하기에 하나님께 매우 큰 모독이 되며, 신학적으로도 대단히 큰 문제를 일으킵니다.

성부 하나님께서 모든 사람이 아니라 당신의 자유롭고 선하신 뜻 가운데서 어떤 사람들을 선택하셨습니다. 그런데 그리스도께서는 성부께서 택하신 사람들이 아닌 모든 사람을 위해 피를 흘리십니다. 또 그리스도께서 모든 사람을 위해 피 흘리셔서 속죄하셨는데, 성령님께서 모든 사람을 효과적으로 부르지 못하시고, 회개와 믿음을 그들에게 주지 못하십니다.

이런 주장은 삼위일체 하나님을 부정하는 것입니다.

아닙니다. 성경이 말하는 것은 이와 다릅니다. 성경에 따르면, 그리스도께서는 모든 사람이 아니라 성부께서 택하신 자들을 위해서만 죽으셨습니다. 성령님께서도 성부께서 택하셔서 그리스도께서 피로 사신 바로 그들을 효과적으로 부르시며, 그 사람들의 마음을 살아나게 하시고, 그들 안에 거하십니다.

삼위 하나님께서는 한 가지 목적을 두고 하나로 일하십니다. 나뉠 수가 없는 것은 삼위 하나님께서 한 분이시기 때문입니다.

> 아버지께서 내게 주시는 자는 다 내게로 올 것이요 내게 오는 자는 내가 결코 내쫓지 아니하리라 내가 하늘에서 내려온 것은 내 뜻을 행하려 함이 아니요 나를 보내신 이의 뜻을 행하려 함이니라 나를 보내신 이의 뜻은 내게 주신 자 중에 내가 하나도 잃어버리지 아니하고 마지막 날에 다시 살리는 이것이니라 내 아버지의 뜻은 아들을 보고 믿는 자마다 영생을 얻는 이것이니 마지막 날에 내가 이를 다시 살리리라 하시니라 _요 6:37-40

> 우리가 아직 죄인 되었을 때에 그리스도께서 우리를 위하여 죽으심으로 하나님께서 우리에 대한 자기의 사랑을 확증하셨느니라 _**롬 5:8**

제한 속죄 교리가 우리에게 주는 위로

> 미쁘다 모든 사람이 받을 만한 이 말이여 그리스도 예수께서 죄인을 구원하시려고 세상에 임하셨다 하였도다 죄인 중에 내가 괴수니라 _**딤전 1:15**

이 말씀이 우리에게 주는 위로는 무엇입니까? 우리가 풍성한 은혜 가운데 있을 때 고백하게 되는 것은 "어떻게 하나님께서 나 같은 사람을 구원하셨을까, 나같이 악하고 더러운 존재를…… 세상에 나보다 더 더럽고 악한 사람이 있을까?"가 아닙니까? 하나님께서는 "저런 사람도, 나 같은 사람도 구원받을 수 있을까?" 하는 질문에 그리스도를 보여주십니다. 그리스도께서 구원하지 못할 이는 아무도 없습니다. 그리스도께서 원하시면 그는 구원을 받습니다. 창세전에 그리스도 안에서 택함 받은 사람은 그가 어떠한 죄인이든 간에 그리스도의 죽으심으로 말미암아 반드시 구원받습니다.

성부 하나님께서 택하신 자들을 그리스도께서는 반드시 구원하십니다. 그리스도께서 구원하시다가 마는 일도 없으며, 구원하시려고 노력하셨으나 실패하는 일도 없으십니다. 그리스도께서 자신의 죽음으로 사신 택함 받은 모든 사람은 분명히 죄 사함 받으며, 하나님과 화목하게 됩니다. 죄 사함 받고 구원받는 일은 사람의 상태나 처지에 달려 있지 않습니다. 애초에 사람은 할 수 있는 일이 없습니다. 그는 전적으로 타락해있기 때문입니다. 하나님께서 선택하시고, 하나님께서 속죄하시고 하나님께서 우리를 거룩하게 하십니다.

> 아들을 낳으리니 이름을 예수라 하라 이는 그가 자기 백성을 그들의 죄에서 구원할 자이심이라 하니라 _마 1:21

그리스도께서는 자기 백성을 그들의 죄에서 구원하시는 자이십니다. 그들에게 구원받을 가능성을 주시는 것이 아닙니다. 실제로 구원하시는 자이십니다.

> 하나님이 세상을 이처럼 사랑하사 독생자를 주셨으니 이는 그를 믿는 자마다 멸망하지 않고 영생을 얻게 하려 하심이라 _요 3:16

하나님께서 독생자 예수 그리스도를 주신 것은 그리스도를 믿는 자마다 멸망하지 않고 영생을 얻게 하시기 위해서입니다. 그리스도를 믿는 자는 누구든지 멸망하지 않고 영생을 받습니다.

따라서 택함 받은 사람들의 구원은 안전합니다. 확실합니다!

불가항력적 은혜

먼저 도르트 신조 셋째 · 넷째 교리 7-17항을 읽어봅시다.

사람이 은혜를 선택할 수 있을까?

불가항력적 은혜 교리는 전적 타락, 무조건적 선택, 제한 속죄, 이 세 교리와 매우 밀접합니다. 전적으로 타락한 죄인 중 하나님께서 당신의 자유롭고 선하신 뜻에 따라 어떤 사람들을 선택하셔서 그리스도의 속죄로 말미암아 그들을 구원하시는데, 불가항력적인 은혜로 구원하시기 때문입니다.

택함 받은 사람도 거듭나기 전에는, 중생하기 전에는 전적으로 타락해 있습니다. 스스로 할 수 있는 것이 아무것도 없으며, 자신을 위해서 살아갑니다. 악을 사랑하며, 하나님과 진리와 빛을 싫어합니다. 그것이 그의 기쁨입니다. 그런 그에게 선과 악을 선택하라고 하면, 그리스도와 자신을 선택하라고 하면 결과는 뻔합니다. 그는 그가 가장 좋게 보고, 가장 기뻐하며 가장 사랑하는 것, 곧 악을, 자기 자신을 선택합니다. 그는 결코 그리스도를 선택할 수 없습니다.

타락하기 전의 아담과 하와를 생각해 보십시오. 그들조차 하나님께 죄를 지어 타락했습니다. 하물며 우리에게 은혜와 죄 중 어느 것을 선택하게 하면 결과는 불 보듯 뻔하지 않겠습니까? 우리는 허물과 죄로 죽었습니다. 우리가 원하는 것은 죄악입니다. 우리는 악으로만 기울어져 있습니다. 우리는 결코 은혜를 선택하지 않을 뿐만 아니라 은혜를 선택할 수 없습니다.

효과적인 부르심

그런데 성령님께서 택함 받은 사람들이 그리스도의 속죄로 말미암은 죄 사함과 다른 모든 은혜를 받아들이고 누리게 하십니다.

웨스트민스터 대교리문답 67문답을 같이 보시겠습니다.

67문답

문. 효과적인 부르심이란 무엇입니까?

답. 효과적인 부르심이란 하나님께서 하나님의 전능하신 능력과 은혜로 이루시는 일입니다. (이것은 택함 받은 사람들에게 하나님께서 그들을 택하시도록 하나님의 마음을 움직이게 할 무엇이 있어서가 아니라, 전적으로 하나님의 자유롭고 특별한 사랑 때문에 일어납니다.) 이 효과적인 부르심으로 하나님께서는 택함 받은 사람들을 그가 기뻐하시는 때에 말씀과 성령으로 예수 그리스도께 초청하여 이끄시고, 그들의 지성을 구원에 이르도록 밝히시며, 그들의 의지를 새롭게 하시고 굳게 결심하게 하셔서, 그들이 (비록 죄 가운데 죽어 있지만,) 하나님의 부르심에 기꺼이 그리고 자유롭게 응답하게 하시고, 그 부르심을 통해 제공되고 전달되는 은혜를 받아들이고 마음에 두게 하십니다.

죽은 우리가 할 수 없는 이 일을 전적으로 성령님께서 행하십니다.

> 두아디라 시에 있는 자색 옷감 장사로서 하나님을 섬기는 루디아라 하는 한 여자가 말을 듣고 있을 때 주께서 그 마음을 열어 바울의 말을 따르게 하신지라 _ **행 16:14**

"주께서 그 마음을 열어". 마음을 열어 바울의 말을 따르게 하신 분, 믿게 하신 분은 성령님이십니다.

> 백성이 이 준엄한 말씀을 듣고 슬퍼하여 한 사람도 자기의 몸을 단장하지 아니하니 _**출 33:4**

> 네 하나님 여호와께서 네 마음과 네 자손의 마음에 할례를 베푸사 너로 마음을 다하며 뜻을 다하여 네 하나님 여호와를 사랑하게 하사 너로 생명을 얻게 하실 것이며 _**신 30:6**

내가 그들에게 복을 주기 위하여 그들을 떠나지 아니하리라 하는 영원한 언약을 그들에게 세우고 나를 경외함을 그들의 마음에 두어 나를 떠나지 않게 하고 _렘 32:40

또 새 영을 너희 속에 두고 새 마음을 너희에게 주되 너희 육신에서 굳은 마음을 제거하고 부드러운 마음을 줄 것이며 또 내 영을 너희 속에 두어 너희로 내 율례를 행하게 하리니 너희가 내 규례를 지켜 행할지라 _겔 36:26-27

그러나 내가 너희에게 실상을 말하노니 내가 떠나가는 것이 너희에게 유익이라 내가 떠나가지 아니하면 보혜사가 너희에게로 오시지 아니할 것이요 가면 내가 그를 너희에게로 보내리니 그가 와서 죄에 대하여, 의에 대하여, 심판에 대하여 세상을 책망하시리라 죄에 대하여라 함은 그들이 나를 믿지 아니함이요 의에 대하여라 함은 내가 아버지께로 가니 너희가 다시 나를 보지 못함이요 심판에 대하여라 함은 이 세상 임금이 심판을 받았음이라 _요 16:7-11

그들이 이 말을 듣고 마음에 찔려 베드로와 다른 사도들에게 물어 이르되 형제들아 우리가 어찌할꼬 하거늘 베드로가 이르되 너희가 회개하여 각각 예수 그리스도의 이름으로 세례를 받고 죄 사함을 받으라 그리하면 성령의 선물을 받으리니 _행 2:37-38

소망이 우리를 부끄럽게 하지 아니함은 우리에게 주신 성령으로 말미암아 하나님의 사랑이 우리 마음에 부은 바 됨이니 _롬 5:5

우리 주 예수 그리스도의 하나님, 영광의 아버지께서 지혜와 계시의 영

을 너희에게 주사 하나님을 알게 하시고 _엡 1:17

너희가 거듭난 것은 썩어질 씨로 된 것이 아니요 썩지 아니할 씨로 된 것이니 살아 있고 항상 있는 하나님의 말씀으로 되었느니라 _벧전 1:23

그러나 너희는 택하신 족속이요 왕 같은 제사장들이요 거룩한 나라요 그의 소유가 된 백성이니 이는 너희를 어두운 데서 불러 내어 그의 기이한 빛에 들어가게 하신 이의 아름다운 덕을 선포하게 하려 하심이라 _벧전 2:9

하나님께서는 이렇게 말씀과 성령으로 우리를 예수 그리스도께로 이끄십니다. 우리의 어두운 눈을 뜨게 하셔서 보지 못했던 것을 보게 하시고, 우리 마음을 부드럽게 하시며, 이전에 듣지 못했던 것을 듣게 하십니다. 죽었던 우리 영혼을 살리시고 새롭게 하십니다. 그래서 그리스도를 보게 하시고, 그리스도의 신부가 되게 하시며, 그리스도의 몸된 교회가 되게 하십니다.

하나님의 주권적 은혜

지금까지 살펴본 것처럼 이 일들은 하나님께서 주권적으로 행하시는 일들입니다.

> 주께서는 못 하실 일이 없사오며 무슨 계획이든지 못 이루실 것이 없는 줄 아오니 _욥 42:2

> 오직 우리 하나님은 하늘에 계셔서 원하시는 모든 것을 행하셨나이다 _시 115:3

> 땅의 모든 사람들을 없는 것 같이 여기시며 하늘의 군대에게든지 땅의 사람에게든지 그는 자기 뜻대로 행하시나니 그의 손을 금하든지 혹시 이르기를 네가 무엇을 하느냐고 할 자가 아무도 없도다 _단 4:35

> 나를 보내신 아버지께서 이끌지 아니하시면 아무도 내게 올 수 없으니 오는 그를 내가 마지막 날에 다시 살리리라 선지자의 글에 그들이 다 하나님의 가르치심을 받으리라 기록되었은즉 아버지께 듣고 배운 사람마다 내게로 오느니라 _요 6:44-45

> 그들이 이 말을 듣고 잠잠하여 하나님께 영광을 돌려 이르되 그러면 하나님께서 이방인에게도 생명 얻는 회개를 주셨도다 하니라 _행 11:18

> 이방인들이 듣고 기뻐하여 하나님의 말씀을 찬송하며 영생을 주시기로 작정된 자는 다 믿더라 _행 13:48

> 하나님이 미리 아신 자들을 또한 그 아들의 형상을 본받게 하기 위하여

미리 정하셨으니 이는 그로 많은 형제 중에서 맏아들이 되게 하려 하심이니라 또 미리 정하신 그들을 또한 부르시고 부르신 그들을 또한 의롭다 하시고 의롭다 하신 그들을 또한 영화롭게 하셨느니라 _**롬 8:29-30**

누가 너를 남달리 구별하였느냐 네게 있는 것 중에 받지 아니한 것이 무엇이냐 네가 받았은즉 어찌하여 받지 아니한 것같이 자랑하느냐 _**고전 4:7**

그의 힘의 위력으로 역사하심을 따라 믿는 우리에게 베푸신 능력의 지극히 크심이 어떠한 것을 너희로 알게 하시기를 구하노라 _**엡 1:19**

너희는 그 은혜에 의하여 믿음으로 말미암아 구원을 받았으니 이것은 너희에게서 난 것이 아니요 하나님의 선물이라 행위에서 난 것이 아니니 이는 누구든지 자랑하지 못하게 함이라 우리는 그가 만드신 바라 그리스도 예수 안에서 선한 일을 위하여 지으심을 받은 자니 이 일은 하나님이 전에 예비하사 우리로 그 가운데서 행하게 하려 하심이니라 _**엡 2:8-10**

또 범죄와 육체의 무할례로 죽었던 너희를 하나님이 그와 함께 살리시고 우리의 모든 죄를 사하시고 _**골 2:13**

하나님이 우리를 구원하사 거룩하신 소명으로 부르심은 우리의 행위대로 하심이 아니요 오직 자기의 뜻과 영원 전부터 그리스도 예수 안에서 우리에게 주신 은혜대로 하심이라 _**딤후 1:9**

우리를 구원하시되 우리가 행한 바 의로운 행위로 말미암지 아니하고 오직 그의 긍휼하심을 따라 중생의 씻음과 성령의 새롭게 하심으로 하셨나니 _**딛 3:5**

우리 주 예수 그리스도의 아버지 하나님을 찬송하리로다 그의 많으신 긍휼대로 예수 그리스도를 죽은 자 가운데서 부활하게 하심으로 말미암아 우리를 거듭나게 하사 산 소망이 있게 하시며 _벧전 1:3

왜 하나님께서 주권적으로 우리에게 은혜를 베푸시는 것이, 우리를 말씀과 성령으로 거듭나게 하시는 일이 우리에게 큰 기쁨과 위로가 됩니까? 하나님께서 주권적이시지 않다면, 그래서 우리가 저항할 수 있다면, 우리 중 아무도 은혜를 택하지 않고, 구원을 원하지 않을 것이기 때문입니다. 그래서 하나님께서 죄인을 구원하시는 일은 전적으로 하나님의 주권적인 은혜여야 합니다.

너희 안에서 행하시는 이는 하나님이시니 자기의 기쁘신 뜻을 위하여 너희에게 소원을 두고 행하게 하시나니 _빌 2:13

하나님께서는 하나부터 열까지, 처음부터 끝까지, 완전히, 전적으로 우리에게 은혜를 베풀어 주시고, 그 은혜를 이루어 가십니다. 우리 안에 하나님에 대한 갈망과, 구원에 대한 소망과, 은혜에 대한 소원을 두시는 분도 하나님이시요, 회개와 믿음을 선물로 주시는 분도 하나님이십니다.

하나님께서는 자신의 영광을 위하여 이 일들을 행하시는데, 이 일들을 확실하게 이루시고, 반드시 이루시며, 하나님께서 기뻐하시는 대로 이루십니다.

성도의 견인

먼저 도르트 신조 다섯째 교리를 읽어봅시다.

웨스트민스터 대교리문답으로 보는 성도의 견인

78문답

문. 왜 신자들은 성화를 완전히 이룰 수 없습니까?

답. 신자들이 성화를 완전히 이룰 수 없는 것은 그들의 모든 부분에 남아 있는 죄의 잔재들과 성령을 끊임없이 거스르는 육신의 정욕 때문입니다. 이로 말미암아 그들은 자주 유혹에 빠져 넘어지고, 많은 죄에 빠지며, 그들이 하고자 하는 모든 영적인 섬김을 못하게 됩니다. 그리고 신자들이 행하는 최선의 일들도 하나님 보시기에는 불완전하고 더럽습니다.

79문답

문. 참 신자들이 그들의 불완전함과 그들을 덮치는 많은 유혹과 죄 때문에 은혜의 상태에서 떨어져 나갈 수 있습니까?

답. 참 신자들은 하나님의 변하지 않는 사랑, 그들로 견인하게 하시는 하나님의 작정과 언약, 그리스도와의 나눌 수 없는 연합, 그들을 위한 그리스도의 끊임없는 간구, 그리고 그들 안에 거하시는 성령님과 하나님의 씨 때문에, 전적으로나 최종적으로 은혜의 상태에서 떨어져 나갈 수 없으며, 구원에 이르는 믿음을 통해 하나님의 능력으로 보호받습니다.

80문답

문. 참된 신자들은 자신들이 은혜의 상태에 있고, 은혜의 상태에서 견인하여 구원에 이를 것을 틀림없이 확신할 수 있습니까?

답. 그리스도를 참되게 믿고, 그리스도 앞에서 모든 선한 양심으로 행하고자 애쓰는 사람들은 비상한 계시가 없어도, 하나님의 약속의 진실함에 근거한 믿음으로, 생명의 약속을 받은 것을 그들이 분별할 수 있게 하시며, 그들이 하나님의 자녀임을 그들의 영혼에 증거하시는 성령으로 말미암아, 자신들이 은혜의 상태에 있고, 은혜의 상태에서 견인하여 구원에 이를 것을 틀림없이 확신할 수 있습니다.

81문답

문. 모든 참된 신자들은 현재 은혜의 상태에 있으며, 장차 구원 받으리라고 항상 확신합니까?

답. 은혜와 구원의 확신은 믿음의 본질에 속한 것이 아니기 때문에, 참된 신자들이 확신을 얻기까지는 오랜 시간이 걸릴 수 있으며, 그들이 은혜와 구원의 확신을 누리게 된 이후에도 심신의 여러 병약함, 죄, 유혹, 탈선으로 확신이 약해지거나 일시적으로 중단될 수 있습니다. 그러나 하나님의 성령께서 그들과 항상 함께 하시고 그들을 도우시기 때문에 참된 신자들은 결코 완전한 절망에 빠지지 않습니다.

연약한 우리를 지키시는 신실하신 하나님

우리는 구원받았지만 여전히 죄의 잔재가 우리 안에 남아 있습니다. 우리가 사는 세상은 끊임없이 우리를 유혹합니다. 그래서 우리는 자주 넘어지고, 자주 넘어지는 일이 자주 반복되거나 크게 넘어질 때면 우리의 구원을 의심하기까지 합니다.

하지만 성경은 하나님께서 우리를 도우시고 보호하시며 지키신다고 증언합니다. "이와 같이 성령도 우리의 연약함을 도우시나니 우리는 마땅히 기도할 바를 알지 못하나 오직 성령이 말할 수 없는 탄식으로 우리를 위하여 친히 간구하시느니라"(롬 8:26). 성령님께서는 우리 구원의 보증이 되시기도 합니다. "그가 또한 우리에게 인치시고 보증으로 우리 마음에 성령을 주셨느니라"(고후 1:22). 또 그리스도께서는 다음과 같이 약속하셨습니다. "아버지께서 내게 주시는 자는 다 내게로 올 것이요 내게 오는 자는 내가 결코 내쫓지 아니하리라"(요 6:37).

하나님께서는 택하신 자들이 죄에 잠시 넘어진다고 해서, 심지어는 꽤 심각한 죄를 짓는다고 해서 그들의 구원을 취소하시거나 철회하시지 않습니다. "하나님의 은사와 부르심에는 후회하심이 없"(롬 11:29)습니다. 구원은 결코 취소되지 않습니다. 선택하신 분도, 주권적인 은혜로 부르시고 새로운 생명을 주신 분도 하나님이십니다. 하나님께서는 이 구원의 일의 근거와 이유와 목적을 언제나 당신께 두셨습니다. 사람의 행위나 어떠함이 구원에 영향을 미치는 것은 조금도 없습니다. 하나님께서는 자신이 신실한 분이시기에, 불변하시는 분이시기에 택하신 자들을 절대로 잃어버리시지 않으며, 반드시 지키십니다.

> 내가 산을 향하여 눈을 들리라 나의 도움이 어디서 올까 나의 도움은 천지를 지으신 여호와에게서로다 여호와께서 너를 실족하지 아니하게 하시며 너를 지키시는 이가 졸지 아니하시리로다 이스라엘을 지키시는 이는 졸지도 아니하시고 주무시지도 아니하시리로다 여호와는 너를 지키시는 이시라 여호와께서 네 오른쪽에서 네 그늘이 되시나니 낮의 해가 너를 상하게 하지 아니하며 밤의 달도 너를 해치지 아니하리로다 여호와께서 너를 지켜 모든 환난을 면하게 하시며 또 네 영혼을 지키시리로다 여호와께서 너의 출입을 지금부터 영원까지 지키시리로다 _시 121:1-8
>
> 두려워하지 말라 내가 너와 함께 함이라 놀라지 말라 나는 네 하나님이 됨이라 내가 너를 굳세게 하리라 참으로 너를 도와 주리라 참으로 나의 의로운 오른손으로 너를 붙들리라 _사 41:10

너희는 말세에 나타내기로 예비하신 구원을 얻기 위하여 믿음으로 말미암아 하나님의 능력으로 보호하심을 받았느니라 _ 벧전 1:5

점점 더 거룩하게 만들어 주시는 하나님

하나님께서는 우리를 지켜주실 뿐만 아니라 우리를 점점 더 거룩하게 만들어 주십니다. 웨스트민스터 대교리문답 75문답을 같이 보시겠습니다.

75문답
문. 성화(점점 거룩하게 됨)는 무엇입니까?
답. 성화는 하나님의 은혜의 일입니다. 이 은혜로 말미암아 하나님께서는 세상을 창조하시기 전에 거룩하게 하시고자 택하신 사람들을, 정하신 때에, 성령님의 매우 힘 있는 역사를 통해, 그리스도의 죽으심과 부활을 택함 받은 사람들에게 적용하시고, 그들의 전 인격을 하나님의 형상대로 새롭게 하십니다. 또한 하나님께서는 생명에 이르는 회개의 씨와 그밖에 다른 모든 구원의 은혜를 그들의 마음속에 두시고, 그 모든 은혜를 일어나게 하시고, 증가시키시고, 강화시키셔서, 그들이 죄에 대하여는 점점 더 죽고, 새 생명에 대해서는 살게 하십니다.

유다는 이에 대해 다음과 같이 찬양합니다.

능히 너희를 보호하사 거침이 없게 하시고 너희로 그 영광 앞에 흠이 없이 기쁨으로 서게 하실 이 곧 우리 구주 홀로 하나이신 하나님께 우리 주 예수 그리스도로 말미암아 영광과 위엄과 권력과 권세가 영원 전부터 이제와 영원토록 있을지어다 아멘 _유 1:24-25

견인의 확신

우리는 하나님께서 변하지 않으시는 분이고, 말씀하신 바를 이루시는 분이시기 때문에 성도들이 견인하도록 그들을 이끄시고 지켜주신다는 것을 확신할 수 있습니다.

하나님께서는 그리스도를 믿는 자들이 멸망하지 않고 영생을 얻도록 하십니다. "하나님이 세상을 이처럼 사랑하사 독생자를 주셨으니 이는 그를 믿는 자마다 멸망하지 않고 영생을 얻게 하려 하심이라"(요 3:16). 진실로 아들을 믿는 자에게는 영생이 있습니다(요 3:36). 그리스도의 말을 듣고 그리스도를 보내신 이를 믿는 사람들은 영생을 얻고 심판에 이르지 아니하는데 사망에서 생명으로 옮겨졌기 때문입니다(요 5:24). 사도 요한은 "내가 하나님의 아들의 이름을 믿는 너희에게 이것을 쓰는 것은 너희로 하여금 너희에게 영생이 있음을 알게 하려 함이라"(요일 5:13) 라고 확신을 갖고 편지를 썼습니다. 왜냐하면 하나님의 뜻은 "내게 주신 자 중에 내가 하나도 잃어버리지 아니하고 마지막 날에 다시 살리는" 것이기 때문입니다(요 6:39).

물론 우리는 일시적으로 넘어질 때가 있습니다. 그러나 우리가 법 아래 있지 아니하고 은혜 아래에 있으므로 죄가 우리를 주장하지 못한다는 것을 알기에(롬 6:14), 또 성령께서 우리의 연약함을 도우시기에(롬 8:26) 우리는 위로하시는 성령님의 능력으로 회복하고 마음을 굳게 먹으며, 주신 은혜 가운데서 살아가게 됩니다.

견인에 대한 오해

어떤 사람들은 성도의 견인 교리가 사람들을 태만하게 만든다고 주장합니다. 저희는 이렇게 답합니다. 만약 누군가가 견인 교리가 있으니 마음대로 살아도 되겠다고 생각한다면, 바로 그 생각이 그 사람이 은혜 가운데 없다는 증거입니다.

우리가 전적 타락부터 성도의 견인까지, 하나님의 주권적 은혜 교리에 관한 모든 의미를 깨닫고, 하나님의 은혜를 바로 안다면 우리는 절대 태만해질 수 없습니다. "주를 향하여 이 소망을 가진 자마다 그의 깨끗하심과 같이 자기를 깨끗하게 하느니라"(요일 3:3). 참된 성도는 두렵고 떨림으로 구원을 이루는 사람들입니다(빌 2:12).

참된 성도는 자기 마음대로 살지 않습니다. "그가 모든 사람을 대신하여 죽으심은 살아 있는 자들로 하여금 다시는 그들 자신을 위하여 살지 않고 오직 그들을 대신하여 죽었다가 다시 살아나신 이를 위하여 살게 하려 함이라"(고후 5:15). 성도는 그리스도를 위하여 삽니다. 다시 살리심을 받은 사람들인 성도는 자기를 기쁘게 하지 않고, 하나님을 기쁘시게 하며, 하나님을 기뻐하며 살아가는 사람들입니다.

또한 성경은 곳곳에서 구원받은 사람들에게 명령합니다. 감사하면서, 겸손하게, 거룩함을 추구하면서, 하나님의 자녀답게 살아야 한다고 말합니다. 그런데 이 말씀들은 단지 의무감으로 해야 할 명령이 아닙니다. 참으로 거듭난 사람들은 마음속에서 일어나는 그러한 열망, 거룩하고 경건한 삶에 대한 열망을 누구나 갖고 있습니다.

성숙한 성도일수록 그는 자신을 위해 사는 것을 매우 괴로워합니다. 그는 매 순간 어떻게 하면 하나님을 기쁘시게 할까 늘 생각합니다.

견인에 대한 은밀한 오해

견인에 대한 은밀한 오해가 하나 있습니다. 우리는 어려움에 처했을 때 하나님을 신뢰한다고 말합니다. 하지만 우리가 그 상황을 견디는 것은 조만간 나아지고 잘 될 것이라는 기대 때문인가요, 아니면 정말로 하나님을 신뢰하기 때문인가요?

어떤 사람들은 어려움 가운데서도 하나님의 말씀을 부지런히 묵상하고 기도하기에 힘쓰면서 하나님의 도우심을 간절히 바랍니다.

하지만 어떤 사람들은 말은 하나님을 신뢰한다고 하지만 하나님의 도우심을 거의 구하지 않습니다. 문제는 우리가 이런 버팀을 견인이라고 착각하면서 살아간다는 것입니다.

어떤 상황 가운데서도 하나님을 온전히 의지하며 살아가야겠습니다.

성도의 견인을 증언하는 매우 힘 있는 성경 본문

여호와께서 사람의 걸음을 정하시고 그의 길을 기뻐하시나니 그는 넘어지나 아주 엎드러지지 아니함은 여호와께서 그의 손으로 붙드심이로다 _ 시 37:23-24

내 양은 내 음성을 들으며 나는 그들을 알며 그들은 나를 따르느니라 내가 그들에게 영생을 주노니 영원히 멸망하지 아니할 것이요 또 그들을 내 손에서 빼앗을 자가 없느니라 그들을 주신 내 아버지는 만물보다 크시매 아무도 아버지 손에서 빼앗을 수 없느니라 나와 아버지는 하나이니라 하신대 _요 10:27-30

너희 안에서 착한 일을 시작하신 이가 그리스도 예수의 날까지 이루실 줄을 우리는 확신하노라 _빌 1:6

하나님께로부터 난 자는 다 범죄하지 아니하는 줄을 우리가 아노라 하나님께로부터 나신 자가 그를 지키시매 악한 자가 그를 만지지도 못하느니라 _요일 5:18

우리가 알거니와 하나님을 사랑하는 자 곧 그의 뜻대로 부르심을 입은 자들에게는 모든 것이 합력하여 선을 이루느니라 하나님이 미리 아신 자들을 또한 그 아들의 형상을 본받게 하기 위하여 미리 정하셨으니 이는 그로 많은 형제 중에서 맏아들이 되게 하려 하심이니라 또 미리 정하신 그들을 또한 부르시고 부르신 그들을 또한 의롭다 하시고 의롭다 하신 그들을 또한 영화롭게 하셨느니라 그런즉 이 일에 대하여 우리가 무슨 말 하리요 만일 하나님이 우리를 위하시면 누가 우리를 대적하리요 자기 아들을 아끼지 아니하시고 우리 모든 사람을 위하여 내주신 이가 어찌 그 아들과 함께 모든 것을 우리에게 주시지 아니하겠느냐 누가 능히 하나님께서 택하신 자들을 고발하리요 의롭다 하신 이는 하나님이시니 누가 정죄하리요 죽으실 뿐 아니라 다시 살아나신 이는 그리스도 예수시니 그는 하나님 우편에 계신 자요 우리를 위하여 간구하시는 자시니라 누가 우리를 그리스도의 사랑에서 끊으리요 환난이나 곤고나 박해나 기근이나 적신이나 위험이나 칼이랴 기록된 바 우리가 종일 주를 위하여 죽임을 당하게 되며 도살 당할 양 같이 여김을 받았나이다 함과 같으니라 그러나 이 모든 일에 우리를 사랑하시는 이로 말미암아 우리가 넉넉히 이기느니라 내가 확신하노니 사망이나 생명이나 천사들이나 권세자들이나 현재 일이나 장래 일이나 능력이나 높음이나 깊음이나 다른 어떤 피조물이라도 우리를 우리 주 그리스도 예수 안에 있는 하나님의 사랑에서 끊을 수 없으리라 _**롬 8:28-39**

아멘!

글을 닫으며

도르트 신조 본문 자체를 여러 번 읽읍시다

다시 말씀드립니다. 단지 도르트 신조 본문을 여러 번 반복해서, 뜻을 생각하며 읽어보십시오. 필요하면 성경구절을 찾아보십시오. 저희는 단지 여러 번 반복해서 읽기만 해도 큰 배움이 일어날 것이라고 확신합니다.

도르트 신조에 관한 책들이 최근 여럿 나왔지만 도르트 신조 본문 자체를 보여주는 책은 여전히 적습니다. 신조가 가리키는 내용을 풍성히 해설해 주는 책들이 여럿 있습니다. 저희는 도르트 신조 본문 자체를 독자분들께 보여드리고 싶었으며, 실제로 여러분이 이 교리를 찬찬히 살피고 배우시길 희망하며 이 책을 구성했습니다. 좋은 해설서를 읽는 것도 좋고 또 필요한 일이지만, 도르트 신조 본문 자체를 여러 번 읽으며 개인적으로, 또는 소그룹으로 학습하고 정리하는 일은 그 자체로 아주 좋은 공부입니다.

읽기만 해도 정말 많은 것을 깨닫고 배우고 정리할 수 있다는 것을 경험하시게 될 것입니다. 신조에 왜 이런 단어가 사용됐는가, 신조는 왜 이렇게 진술했는가, 하며 생각해 보는 것만으로도 독자분들은 많은 유익을 누리시게 될 것입니다.

교회에서 배우고, 함께 찬양합시다

가장 좋은 것은 교회에서 배우고, 교회에서 함께 공부하는 것입니다. 교회에서 이 진리들이 선포되고, 선포된 이 진리를 겸손한 태도로, 하나님과 하나님께서 하신 일들을 찬양하고 높이는 마음으로 묵상하고 공부하는 것만이 전적으로 타락했지만 그분께서 영원 전에 그분의 선하시고 기뻐하신 뜻 가운데 택함 받아 불가항력적인 은혜로 그리스도께서 이루신 그분의 속죄를 온전히 믿고 받은, 그 속죄의 은혜 가운데 거하는, 이미 시작하셨을 뿐만 아니라 끝까지 그분께서 전적으로 책임지시고 이루시는 하나님의 주권적 은혜 안에 있는 모든 성도의 유일한 태도입니다.

도르트 신조가 주는 유익

마지막으로, 도르트 신조가 주는 유익을 정리해보며 마치려고 합니다.
우리의 믿음이 약해질 때든, 우리가 고난 중에 있든, 어떠한 상황 가운데서도 도르트 신조는 우리를 하나님의 주권적 은혜 교리로 인도합니다. 우리는 우리 자신과 문제가 아니라 하나님을 봅니다. 만물보다 크신 그

분이 주시는 위로와 은혜가 문제를 압도하고, 우리의 전부가 됨을 경험합니다.

신조는 또한 우리로 하여금 그의 은혜의 영광을 찬송하게 합니다(엡 1:6, 12, 14). 이것이 사실상 가장 중요합니다. 성경이 보여주는 모든 진리는 우리로 하여금 하나님의 은혜의 영광을 찬송하게 하기 위한 것입니다. 우리 존재 자체가 하나님을 찬송하게 하기 위한 것입니다. 더 무엇이 필요할까요!

신조는 조금이라도 자신에게 공을 돌리려는 인간적인 생각을 완전히 제거해 줌으로 우리를 참된 위로 안에 거하게 합니다. 도르트 신조는 이 일을 철저하게, 따뜻하게, 감동적으로, 경외하는 마음으로 하게 해줍니다.

신조는 우리로 하여금 감사하게 합니다.

신조는 우리가 다른 신자들의 영혼에 이전보다 더 깊이 관심을 두게 하며, 그들이 견인하도록 권면하고 그들의 필요를 채우는 일에 열심을 내게끔 합니다.

신조는 성경 전체에 대한 이해가 커지게 합니다. 특히, 하나님의 작정, 섭리, 그분의 모든 은혜의 일들, 그 목적, 그것이 사람에게 일어나는 방식, 등 구원에 관한 중요한 진리들에 대해 깊고 풍성하게 배우도록 해 줍니다.

신조는 은혜의 수단을 더욱 추구하도록 해줍니다. 말씀, 성례, 기도를 더욱 가까이하도록 안내합니다.

신조는 확신을 갖고 기도하게 합니다. 소망하고 인내하게 합니다. 견인은 우리를 보는 게 아닙니다. 하나님을 보는 것입니다.

신조는 하나님을 하나님 그대로 보게 해주고, 찬양하도록 합니다.

하지만 유익에 대한 이 모든 내용조차도 우리와 아무런 상관이 없을 수 있습니다.

귀신들도 믿고 떠느니라 _약 2:19

우리는 도르트 신조의 내용을 지식으로 충분히 알 수 있습니다. 그러나 그것은 귀신들도 아는 것입니다. 아…… 저희는 도르트 신조를 저희와 독자 여러분 모두가 진심으로 사랑하기를 원합니다. 신조가 가리키고 보여주는 진리로 말미암아 우리가 날마다 찬양하며 살아가길 진심으로 원합니다.

수많은 사람이 이 교리를 지키기 위해 목숨을 걸었습니다. 수많은 교회가 이 교리 때문에 살기도 하고 죽기도 했습니다. 수많은 사람이 이 교리가 주는 위로와 격려로 자신들의 삶을 하나님께 기쁨으로, 마음을 다해 드렸습니다.

피상적이지 않고 구체적인, 철학적이지 않고 신적인, 멀리 있지 않고 가까이 있는, 이 하나님의 주권적 은혜 교리…….

여러분과 저희의 신앙고백이 되고, 찬양의 내용이 되길 진심으로 원합니다.

추천 도서

"이해를 돕는 글"을 짓는 데 크게 도움받은 책들

제임스 몽고메리 보이스, 필립 그레이엄 라이큰. 『개혁주의 핵심』 이용중 옮김. 서울: 부흥과개혁사, 2010.

코르넬리스 프롱크. 『은혜 교리』 김동환 옮김. 수원: 그 책의 사람들, 2012.

로버트 L. 레이몬드. 『최신 조직신학』 나용화, 손주철, 안명준, 조영천 옮김. 서울: (사)기독교문서선교회, 2010.

에드윈 팔마. 『칼빈주의 5대교리』 박일민 옮김. 서울: 성광문화사, 2010.

독자 여러분께서 읽으시면 좋을 도서들

최갑진. 『기독교 신앙의 다섯 가지 기둥』. 서울: 디다스코, 2015.

코르넬리스 프롱크. 『도르트 신조 강해』 황준호 옮김. 수원: 그 책의 사람들, 2012.

김철웅. 『칼빈주의 5대 교리를 어떻게 설교할 것인가』. 서울: 부흥과개혁사, 2015.

존 오웬. 『그리스도의 죽으심』 조계광 옮김. 서울: 생명의말씀사, 2014.

존 오웬. 『성도의 견인』 조은화 옮김. 서울: 생명의말씀사, 2013.

도르트 신조 노트
The Canons of Dort Note

펴낸날	2017년 12월 15일 초판 1쇄
	2024년 4월 25일 초판 2쇄
지은이	도르트 총회 · 그 책의 사람들
옮긴이	그 책의 사람들(도르트 신조 본문)
펴낸이	한재술
펴낸곳	그 책의 사람들
디자인	참디자인
판 권	ⓒ 그책의사람들 2017, Printed in Korea.
	저작권법에 의하여 한국 내에서 보호를 받는 저작물이므로 무단 전재와 복제를 금합니다.
	(도르트 신조 본문 번역문 자체는 어떠한 목적으로든 마음껏 사용할 수 있으며, 단체나 기관 등이 상업적인 용도를 위해 사용하려는 경우 출판사에 미리 알려주시기만 하면 됩니다.)
주 소	경기도 수원시 팔달구 정자천로32번길 27, 151동 906호
팩 스	0505-299-1710
카 페	cafe.naver.com/thepeopleofthebook
메 일	tpotbook@naver.com 페이스북 www.facebook.com/tpotbook
등 록	2011년 7월 18일 (제251-2011-44호)
인 쇄	불꽃피앤피
책 값	10,000원
ISBN	979-11-85248-23-3 03230

이 도서의 국립중앙도서관 출판시도서목록(CIP)은
서지정보유통지원시스템 홈페이지(http://seoji.nl.go.kr)와
국가자료공동목록시스템(http://www.nl.go.kr/kolisnet)에서 이용하실 수 있습니다.
(CIP제어번호: CIP2017032604)

· 이 책은 출판 회원분들의 섬김으로 만들어졌습니다.